臺灣潮人誌

8位舉足輕重的臺灣造局者，有哪些與眾不同的前瞻永續眼光、不同的「潮」

宋怡慧——著

目次

推薦序

自序

推薦序

大員代代有潮人，寶島遍地是英雄

《要有一個人》作者／楊斯棓

《要有一個人》一書中，怡慧老師是主角，她是我心目中的當代潮人。

我已出版兩本著作的版稅，我一直保持「百分之百捐出」的狀態，其中一筆四萬元，我捐給賴和文教基金會，而賴和正是怡慧老師新作的主角之一。

賴和是總督府醫學校第十三屆畢業生，座號十五號，一號是杜聰明（至於幾年後杜聰明以第一名畢業，賴和以第十五名畢業，純屬巧合）。

我也捐了八萬一千元，購買《一代醫人杜聰明（漫畫版）》兩百冊，透過誠品文化藝術基金會的協助，捐給學校數十所。

今年九月，杜聰明基金會邀請我在衛武營發表演說，就那麼巧，我的內容就跟怡慧老師的新作一樣，皆以「臺灣史上的潮人們」爲主角。

臺灣歷史，波瀾壯闊，浩瀚精采，我推薦先深入了解「二、三、五」，這指的是：兩處、三人與五大家族，之後閱讀任何一段百年臺灣史，將更了解其因果脈絡。

「兩處」指的是：臺大醫院與臺大醫學院。

「三人」指的是：杜聰明、賴和與蔣渭水。

「五大家族」乃：基隆顏家、板橋林家（林熊徵、「臺灣史蹟百科活字典」林衡道等）、霧峰林家（林朝棟、林獻堂等）、鹿港辜家（辜顯榮、辜振甫、辜寬敏等）、高雄陳家（陳中和、陳啓川、陳田錨等）。

臺大醫院（的前身）早於臺大醫學院（的前身）嗎？

臺大醫學院的歷史可追溯至一八九七年，當時在臺北病院內成立了一所名爲「醫學講習所」的現代醫學教育單位。

一八九九年，成立「臺灣總督府醫學校」，收納原「醫學講習所」的學生。

一九二七年改稱「臺灣總督府臺北醫學專門學校」。

一九二八年臺北帝國大學創校，創立之初並未設立醫學部。

一九三六年採一校兩制，成立臺北帝國大學醫學部，並將原臺北醫學專門學校改制爲臺北帝國大學附屬醫學專門部。

一九四五年日治時代結束後，國民政府接收臺北帝國大學並更名爲國立臺灣大學，醫學部改稱醫學院，醫學專門部停止招生。

臺大醫院（的前身）於一八九五年創建，當然早於一八九七年創設的臺大醫學院（前身）。

一八九五年六月十八日，大日本臺灣病院創建，院址初設於臺北市大稻埕千秋街，屬陸軍省軍醫部管轄。同年改隸臺北縣，改稱臺北病院。

一八九八年，遷至現在的臺大醫院西址，更名爲臺灣總督府臺北醫院。

一九三八年四月一日，成爲臺北帝國大學醫學部附屬醫院。

一九四五年，日治時代結束，醫院改名爲國立臺灣大學醫學院第一附屬醫院。

一九四七年，改爲國立臺灣大學醫學院附屬醫院。

一九五〇年，時任臺大校長傅斯年認爲「附屬」係日治名稱，改「附設」爲當。

一九九五年六月二十日，臺大醫院舉辦一百周年紀念大會。

二〇一五年，臺大醫院院史室辦理「臺大醫院雙甲子特展」。

曾有媒體報導討論「臺大醫院百年來最年輕主任是誰？」其實，三十七歲之前當上臺大主任的，至少有六十二位；三十五歲之前當上臺大醫院主任的，也有五十四位。

以下羅列幾位三十歲前就當上臺大醫院的各科室主任：

一八九八年七月，川添正道（一八七二～一九五七）任產科主任，彼時二十六歲。

一九〇二年，岸一太（一八七四～一九三七）接任耳鼻咽喉部長，彼時二十八歲。

一九〇四年，大鳥次郎（一八七七～一九〇六）任內科第一部長，彼時二十七歲。

一九〇九年，渡嘉敷唯績（一八八一，卒年不詳）任耳鼻咽喉科主任，彼時二十八歲。

一九一〇年二月，筧繁任東內科部長，彼時二十八歲。

一九一四年，戶川篤次（一八八五，卒年不詳，東京帝大醫科，部分文獻常誤植為「戶川篤二」）接任小兒部長，彼時二十九歲。

一九二七年八月，藏田恒人（一九〇三，卒年不詳，臺北醫專畢）任臺北醫院耳鼻咽喉科主任，彼時二十四歲。

一九四五年，蕭道應醫師（一九一六～二〇〇二）擔任法醫學科主任，彼時二十九歲。

一九四五年十月，宋尚德醫師（李鎮源院士臺北帝大第一屆同學，他們是一九四〇年臺北帝大醫學部第一屆的畢業生）擔任精神科代主任，若以與李教授同年來推算，彼時三十歲。

一九四五年十一月，彼時皮膚、泌尿未分科，臺大首任皮膚泌尿科主任由謝有福醫師（一九一六～一九八六）接任，彼時二十九歲。

一九四五年十二月一日，由翁廷藩醫師（李鎮源院士臺北帝大第一屆同學）任第一內科主任，若以與李教授同年來推算，彼時三十歲。

一九四五年十二月一日，由林茂副教授（與邱林淵、李鎮源、翁廷俊、邱仕榮同一年取得臺北帝大醫學博士學位）任第二內科主任，若以此推算，彼時約三十歲。

一九四七年一月，臺大精神部主任由林宗義醫師（一九二〇～二〇一〇）接任，彼時二十七歲。

蔣渭水第幾名畢業？

賴和與杜聰明是同學，爲臺灣總督府醫學校第十三屆畢業生，蔣渭水晚他們一屆。

杜聰明以第一名考進總督府醫學校，「在醫學校時，他的成績一直保持第一」，最後在一九一四年以第一名畢業。

蔣渭水以第一名考進總督府醫學校，五年（預科一年，修業四年）後，也就是一九一五年，以第二名畢業。

第幾名畢業跟以後的整體成就不一定有關係，但至少證明那段時間的戮力學習。

高敬遠、張七郎亦爲蔣渭水的同班同學。

一九一九年，高敬遠醫師（一八九三～一九八三，岡山醫科大學醫學博士）在「產婦人科」升為「醫官補」（主治醫師），對一個臺灣人而言，以此年紀獲得此職位，相當不容易。

張七郎醫師後來從政，曾任制憲國代、花蓮縣議會議長。但不幸於二二八事件與其子張宗仁、張果仁共三名醫生同時被逮捕後槍決，墓碑上刻著「兩個小兒為伴侶，滿腔熱血洒郊原」，讓人鼻酸。

一九二七年七月十日，臺灣政治史上第一個政黨成立。要角是蔣渭水、林獻堂、蔡培火、蔡式穀等人。霧峰林家的林獻堂以及臺灣總督府醫學校第十四屆畢業生蔣渭水赫然在列，許多推動臺灣成為現代化的大道上，他們可說無役不與。

霧峰林家跟板橋林家有什麼關係？

這二十年來，我常被問：「霧峰林家跟板橋林家有什麼關係？」

曾有一位臺灣總統，就搞混霧峰林家跟板橋林家。

該總統以為帶兵退敵的是板橋林家，其實，是霧峰林家。

出身板橋林家的林衡道，在《臺灣一百位名人傳》就曾提及，霧峰林家林朝棟退兵法國的往事，姑舉一段：「這時，林朝棟從霧峰帶來的新銳勇二千人已經開抵臺北，並迅速投入戰場，利用夜晚在五堵展開游擊戰，連連傳捷。」

大舉發放獎學金，愛的循環永不停

根據可考史料，臺灣第一個有制度的發放獎學金迄今的應是：林熊徵學田基金會獎學金。

林熊徵過世後，遺孀林智惠女士於一九四八年延續其懿行，創辦此基金會，概念是：林熊徵過去的一畝「學田」，於今繼續續造福後人。

基金會官網解釋：「學田爲中國古代由學宮（學校之意）置田，相傳以供祭祀及師生薪俸，或資助貧士之用，稱爲學田，始於北宋。范仲淹卽以學田之助，終成名相。元明清各代雖改其制，亦均有之。」

最讓我感動的是：昔日的得主，也著手規畫發放獎學金，眞可謂大愛循環。

譬如一九四九年的林熊徵學田獎學金得主許倬雲，日後也設置了：許倬雲院士暨夫人論文獎學金。

吳文芳女士（吳三連孫女）在我臉書留言：「吳三連也是（一九一九年）領了林熊徵獎學金才能繼續（赴日）深造的。」一九七八年，首屆吳三連獎贈獎典禮在國賓飯店舉行，吳先生當時說：「我以後想在有生之年，不是爲賺錢的事，而是爲了學校的事，爲了獎學金的事，我願一直做下去。」

大愛迴旋，迄今不停。

廖述宗與陳澄波，有什麼關係？

一九五四年開始發放獎學金的杜聰明博士，基金會在其過世後，仍持續發放，早期授獎醫科第一名畢業生，後來擴及學士後醫學系、藥學系的第一名，都授予獎項、獎金。部分得獎者（或其親友），也承襲杜聰明博士精神，成爲散播大愛的一員。杜聰明獎學金當中的演講獎，自一九八六年開始頒發。

譬如臺大農化系畢業的廖述宗博士是一九九三年的杜聰明獎學金演講獎得主，以「男性賀爾蒙的分子生物學基礎研究和醫學上的應用」獲獎。

廖述宗的父親就是知名畫家廖繼春。廖繼春年輕時的摯友陳澄波，以嘉義市參議員的身分與國民黨和談時，遭強行拘捕、遊街，死在槍下。

二〇一四年七月，NATPA（北美洲臺灣人教授協會）創會會長廖述宗教授辭世，各地會員討論成立「NATPA 廖述宗教授紀念獎」來彰顯這位一身奉獻臺灣，爲海內外臺灣人所尊敬的學者。

二〇二四年，這個獎項的獲獎者是著作等身的前臺南文化局長林衡哲醫師（林醫師非常景仰宋怡慧老師推廣閱讀的壯舉）。

而林醫師曾跟我分享，他到紐約，聽了五個人的演講後，自此改變一生看待臺灣的角度，其中包括周烒明博士與陳隆志博士。

周烒明博士領過林熊徵學田獎學金。

我領過陳隆志博士的獎學金，經過十來年，我將獎金以年息百分之二十計算，回捐了一筆十六萬兩千八百元，因爲我相信啓動大愛循環，連一個並非出身顯赫的百姓，也可以盡一份心力！

從我說的許多小故事，讀者朋友應該不難發現，我們的命運牽動在一起，我們可能被潮人們影響，我們甚至可能成爲潮人，願你我都是光明思潮裡的一份子，願你我都是時代浪潮裡那些拒絕載浮載沉，選擇勇於乘風破浪者！

推薦序

臺灣潮人如何潮

精神科醫師、《古人解憂療鬱帖》作者／廖泊喬

早上起床一打開臉書，最期待的就是「今天怡慧老師要推薦什麼書？」她總用敏銳眼光來介紹書的好，溫暖的文字讓人迫不及待想馬上展卷。一早閱讀（總是懷疑她是否有睡覺）進而分享的習慣，怡慧老師已持續數年，是名副其實的閱讀傳教士。她珍惜閱讀時光，更透過分享推薦心得，希望大家也都能共讀共好。

作爲她正心高中的小學弟，可以感受到怡慧老師對後輩的熱心與提攜；閱讀她的創作，則會感佩怡慧老師想傳達所學的熱切與堅持。幾年下來，怡慧老師完成了不同領域十幾本書，一字一句，皆發自她的熱情。然而在這些著作中，我最喜愛的是她的《潮人誌》系列，怡慧老師回到她的本行——高中國文老師，將課本上的古文名家們

化作身旁友人，帶著讀者一起面對主角的人生難題、感受他們的情緒、欣賞他們的決定。在怡慧老師「新寫古人」的生動文筆下，大家紛紛化身成各具才情的「潮人」。這必然是豐富的教學經驗，加上敏銳觀察與深刻同理，才能寫出如此生活化又深具魅力的「潮寫作」！

二〇二〇年，怡慧老師的《國學潮人誌，古人超有料》用流行不衰的十二星座來對照古人的人物性格，他們的重要代表作也成爲了其性格鐵證，閱讀時，教師界網紅孔子、予豈好辯哉孟子、圈粉高手蘇東坡、最萌女神李清照似乎都是身邊的朋友！二〇二二年，怡慧老師推出《國學潮人誌2，古人超有才》，選出橫跨春秋戰國到清代最符合運動家精神的古人，在她筆下，王維成了危機處理高手，韓愈則成了逆轉勝達人！爬梳古人生命經驗的同時，也思索當代對於品德、人權、能源與科技議題的探尋與追求。

二〇二四年我們終於迎來了《臺灣潮人誌》！這次怡慧老師聚焦八位生活在臺灣土地上的人，將她的發現、體悟與獨到見解分享給大家！不僅如此，怡慧老師也挖掘出當時的「臺灣潮人」們，已經在關心現今全世界最熱門的議題——聯合國永續發展目標（Sustainable Development Goals, SDGs）。

怡慧老師從不同面向帶著讀者一同認識林占梅，卻在這些多元面向中發現林占梅的初心與SDG10「減少國內及國家間不平等」與SDG16「和平、正義與健全的司法」相互輝映；而莫那．魯道是賽德克族人的領導者，不僅爲了族人的生存，同時也爲了守護土地與正義、守住代代相傳的文化習俗與傳統，與SDG15「保育陸域生態，永續管理森林，防止土地劣化，遏止生物多樣性的喪失」的目標一致；至於陳澄波，則著眼於「情」字，他成立了幾個美術組織，讓大家得以交流一同精進，也能讓更多人參與發展臺灣的美術與美學。在怡慧老師眼中這便是SDG17核心目標「建立多元夥伴關係，協力促進永續願景」。

不知道是怎麼樣的巧合，怡慧老師選的八個「臺灣潮人」中，竟有三位是醫者！這三人分別是在臺北大稻埕開辦大安醫院的蔣渭水、在彰化設立賴和醫院的賴和、在臺中開設淸信醫院的蔡阿信。醫者在診間中看病，也在診間外實踐其理想，三人在醫療內外各展其長，分別爲當時政治界的精神領袖、臺灣新文學的先行者、被譽爲「臺中之母」的臺灣第一位女醫師。在怡慧老師的筆下，這些醫者作爲知識分子的所思所爲躍然紙上，讓人見賢思齊。

怡慧老師寫蔣渭水，著眼於「眾」字，不是一人獨好，而是臺人共好。蔣渭水在〈臨床講義〉爲臺灣開出的處方，簡潔有力地說明臺灣島的病歷紀錄，而臺灣當時最重要的病症是「知識營養不良」！蔣渭水除了用文字針砭時事外，更多的是以身體力行來實踐他心中的理想臺灣，他爲臺灣眾人發聲，爲底層的人民謀求福利。蔣渭水不只介入勞資爭議，他還積極推動具前瞻性的勞工福利政策，籌組日治時期臺灣第一個全島工人運動組織。在在都與SDG8「促進包容且永續的經濟成長，讓每個人都有一份好工作」的目標一致，尤其其中細項「保護勞工的權益，爲所有工人創造安全和有保障的工作環境」不謀而合。

怡慧老師寫賴和，寫因著賴和祖父與父親的職業，讓他看到更多的弱勢者，從小培養出以不同角度思考的人道情懷；她寫二十歲的賴和，與杜聰明從臺北徒步至彰化的壯闊旅程，行進之間，賴和想的是這塊土地與上面的人，還有他深沉的反思。走到大溪（大嵙崁）聽著客家話，賴和想的是「我本客屬人，鄉言更自忘」，自己本應該是客家人，怎麼卻連客家話都不會說了呢？怡慧老師從這些過往體驗看之後賴和的思想與作爲，指出賴和是位守護者，不管是行醫或是寫作，他想爲更需要的弱勢者服務，除了恢復身體康健外，也盡力撫慰受傷者的心靈。

而在蔡阿信章節中，怡慧老師著眼於蔡阿信如何替自己的人生爭取向上的機會。蔡阿信五歲時父親過世，母親要她到他人家當童養媳，而蔡阿信卻突破了藩籬，反轉了原先可能的道路。她先是進入私塾學習、再憑著優異成績進入淡水女學校，之後還爭取赴日攻讀醫學院。而蔡阿信從小貧窮刻苦，讓她在未來處世與行醫中保持著仁者與悲憫之心，她爲失婚喪偶的婦女提供關懷諮詢的服務基金會，她開展的助產士培訓計畫更爲臺灣打造出一股「順產」的風潮。在怡慧老師筆下，蔡阿信的事蹟如同一幅幅連環畫作，讓人駐足、發人省思。

古人怎麼樣潮呢？他們的所作所爲不是都「作古」了，怎麼會潮？在怡慧老師筆下，每個人物都像電影《海角七號》中的標語：「千年傳統，全新感受」，每一個人都有新的面貌！怡慧老師將人物幾項最重要的成就與其心路歷程，透過她的妙筆畫龍點睛，讓人如臨其境。

然而，身為一位精神科醫師，在怡慧老師筆下臺灣「潮人」的多面性中，我最感興趣的，是她書寫潮人的原生家庭與成長背景，著重寫潮人年輕那一面，再回過頭來觀察如何形塑其性格與往後人生的決策與思維。

怡慧老師談到，鄭成功不僅是一位開創者、海洋思維者，若回顧鄭成功的小時與家庭，父母分別在他不同時期缺席，這些幼年斷裂的親密關係，是否能連結到鄭成功的個性：全面追緝施琅並誅殺其全家、不分軍民下達屠城令……怡慧老師探究鄭成功的內心，鼓勵讀者一起思考：這樣殘暴又仁慈的雙重人格，是否會與童年創傷經驗有關？

怡慧老師在寫張李德和時，同樣也不從本人入手。先介紹了李德和的父親李昭元，除了親自教授漢學知識外，也給了她民主家風與教養典範。在當時仍存「女子無才便是德」的思維下，李德和能自在地學詩文，也能在琴棋書畫上持續精進，都來自家中長輩們的支持與教導。怡慧老師審度張李德和的內心所盼，這和她之後擔任教職、到產婆講習所教授漢文、甚至籌辦婦女會與愛蘭會的這些執著與投入，是否也有關聯？

透過怡慧老師的文字，我們連結了鄭成功的幼時經驗與其後個性，張李德和的青年養成，與其後她無人可替代的成就。臺灣潮人如何潮，從怡慧老師擷取的這些人生片段，我們看到潮人的過往，取其精華，去其糟粕，也將改變自己的未來！

翻開《臺灣潮人誌》，可以跟著怡慧老師一覽這些人物的精采故事，從人物中看見這些攸關臺灣歷史的關鍵時刻，如何與熱門議題 SDGs 連結，讓這些歷史與人物耳目一新！在新課綱多元選修教材的茫茫大海中，《臺灣潮人誌》的全新角度絕對是所有中學生的必讀指南！

推薦序

遇見那些「老朋友」

高中歷史科教師、歷史老師黑米／傅文豪

「日治時期，總督府長期的壓制以及臺人、日人於政治上參與權利的不平等，是一九二〇年代大量知識分子發起文化抗日的主要原因……」歷史課堂上，作爲一位高中歷史教師、一名知識的推廣者，總是希望把歷史知識盡可能客觀地而全面地，講解給每個專心聽講的學生。然而，我總在想，要怎麼樣才有辦理讓這些歷史知識立體化？我要怎麼樣才有辦法燃起這些書本人物的溫度，將他們過往波濤洶湧的革命情操、情深款款的愛意交織，以及每一篇扣人心弦的生命故事，在這幾百年之後，重新於這群十幾歲的青少年面前，再一次地訴說他們曾經走過的種種？

我想到了一個答案——文學。史家書寫著，蔣渭水拚命地追求著臺灣人民的自治，入獄時甚至寫下了〈獄中隨筆〉等文。但卻沒有發現，即便入獄卻依然書寫，在晦暗而不堪的囹圄裡，蔣渭水依然用著自己的堅持，以文字明志。莫那．魯道於一九三〇年率各部落聯合起事，於霧社小學舉辦運動會時對日本人發起突襲。這次行動，有人認為莫那．魯道過於魯莽，未理解日本本身的軍事武力便發起行動。但是，早在日本治臺初期，莫那．魯道等原住民族各村社之領導者，便曾被日人帶往日本進行「軍火觀光」，參觀日本的大砲、軍事武器，要讓原住民族心生畏懼。而這場一九三〇年代的起事事件，絕對不是莫那．魯道錯估形勢，或面對日本的武器不了解。與此相反，莫那．魯道他十分知曉自身與日本帝國間的實力差別，這場動亂，是利基在不平等的權力架構下，他一忍再忍、忍無可忍後所發出的最後怒吼！這是一場明知最後的下場很有可能全軍覆沒，但仍然破釜沉舟的生死決戰。

歷史，要怎麼樣才能夠進入人們的心底？我想，眞正的意義是，這些書寫必須要連結到我們的心裡，與我們靠近。而怡慧老師的《臺灣潮人誌》正是感性與理性連結的最佳實證。在她的筆鋒裡，她讓我們看見了蔣渭水面對情感的柔情、蔡阿信作為女性而衝撞父權結構的韌性、山巒白煙交錯間，莫那．魯道所喊出的怒吼、以及囹圄之中，生死擺盪的晦暗裡，蔣渭水仍然選擇為人民發聲的骨氣。

原來，這些歷史人物的故事，絕非如同白紙般輕薄。相反地，隨怡慧老師的視野看去，我們在臺灣百年的時光長廊中逡巡環視。這些臺灣前輩與我們一樣存在著喜怒哀樂，與我們一樣都會為了日常的小事而進行猶豫。也與我們一樣，都曾為了某個重要的決定，而奮力地向前方奔去。走吧，跟隨怡慧老師的指引，讓我們徜徉在充滿溫度的歷史記憶裡。讓我們去見見這些，與我們相離了幾百年，熟悉而又陌生的「老朋友」。

推薦序

浪漫的回聲　深情的反響

慈文國中歷史老師／范家嘉

法國的浪漫主義作家雨果（Victor Hugo）曾說：「歷史是什麼：是過去傳到將來的回聲，是將來對過去的反映。」當歷史以巨人般身姿將這片土地踩踏成一曲既壯烈也壯麗的臺灣史，我們能做的只是既無知也無盡地仰望這些璀璨身影。

因此，當怡慧學姊的新書，以跨領域寫作者的豐富思維，正寫、側敘、外書、內析這些青春課本裡既模糊又遙遠的面貌，讓這些供奉於歷史廟堂上的人物，拂落道德塵埃，盡顯可親可感，可敬可愛。

新思潮寫舊時代

如果說歷史就是思想史，那麼歷史人物的人生軌跡，便是社會湧動的印記：鄭成功身後波濤詭譎的荷治交鋒；林占梅潛園詩酒雅吟的清領文風；莫那．魯道、蔣渭水、賴和以身殉義的日治國殤；張李德和、蔡阿信衝破性別桎梏的女力風華；陳澄波畫裡東西交融的臺灣風情。時代、家族、情愛、性格、理想各自堆疊繚轉成書中人物的運命。

然而，本書的精采處尚不止此，「潮議題」SDGs（永續發展目標）的設定，聚焦目前值得深思的公共政策議題，如鄭成功連結「海洋保育」議題，蔡阿信並駕「性別平等」議題……透過新思潮與舊時代的對話，我們可以細察其功績，可以宏觀其奧義，這樣前呼後應的時代紐帶，說明歷史從未割裂。

史學的眼　文學的心

史學與文學存在著親暱又獨立的分合關係。史家重信史，意在還原歷史真實面貌，又期能啓迪鼓舞讀者，遂藉含蓄簡約的筆法，靈動鮮活的文字，寓觀點於敍事中，形成史學的「文學美」；作家重抒懷，頗能直抒胸臆酣暢淋漓，又許以文載道文章救國的理想，遂取歷史事件爲材料，洋灑爲文，抗志高節以爲氣勢，亦寓觀點於敍述中，形成文學的「史學觀」。

怡慧學姊既從人物事跡、著作論述、本事索隱、文獻考究等多方蒐羅史料，架構本書歷史脈絡；也從人物詩文看臺灣歷史，如蔣渭水〈臨床講義〉這份百年前「臺灣病灶診斷書」，正是一九二一年（大正十年）林獻堂等人向日本帝國議會提出第一次〈臺灣議會設置請願書〉失敗後發聾振聵的公民啓蒙覺醒文。如賴和〈出獄歸家〉與〈覺悟下的犧牲（寄二林的同志）〉二詩，更是一九二三年（大正十二年）「治警事件」及一九二五年（大正十四年）「二林事件」落幕後對反抗強權者的犧牲謳歌。加之藏身隱跡卻熠熠生輝的個人感悟，豐潤本書文學情懷。「文史互證」兩者所展現的歷史與文學相互詮釋的方式，引領讀者閱讀相關段落時，同時亦對其中的歷史材料與文學作品加深理解。

這是志人的「歷史書」，也是寫史的「文學書」。

給我一個臺灣　我能舉起世界

古希臘數學家阿基米德豪言：「給我一個支點，我可以舉起整個地球」。本書恰以臺灣爲支點，舉起歷史多元面向。涵蓋臺灣、中國、日本及歐亞視角看待鄭成功的角色與定位，共塑海洋霸主的形象；援用印度聖雄甘地與美國人權鬥士，馬丁路德・金恩博士之例，契合林占梅追求公義，致力族群和諧的人道情懷，連通臺灣史與世界史；陳澄波以絢麗跌宕的人生閱歷爲筆，摹繪西方印象派、東洋美術風、中國水墨魂三者兼容並蓄的一紙臺灣藝術史。

於是，這不僅是單純的臺灣歷史人物誌，不僅是提供有價値的知識文本，更是從臺灣望向世界的嚮導，在歷史的道路上開闊前行。

浪漫的回聲　深情的反響

本書所選讀八位歷史人物，他們在努力追尋理想的歷程中，雖都曾蒙受重大挫折及劫難，卻也同樣閃耀關愛、人民、土地、奮鬥與希望的人性光輝。對書中主角而言，無論成功或挫敗，犧牲或圓滿，那樣不畏形勢義無反顧的勇敢，都是一次浪漫的奮鬥。

對筆者而言，閱讀此書也是一次浪漫的出逃。從制式的「歷史的模樣」框架中翻轉，重返當時歷史現場，聆聽人物幽微的掙扎，寄予深情的理解。歷史不是僵化的記憶，也不是無謂的偶然。

那些從平凡與平凡串連而生的偉大，就是歷史。

跨界齊聲推薦

用新穎、活潑的思維，來敘說歷史人物的生命故事，那肯定會讓人讀得津津有味、愛不釋手。《臺灣潮人誌》就是這樣一本適合年輕人閱讀的歷史書。

〈Made in Taiwan ╳臺灣人正港的底氣——蔣渭水〉，主人翁生於西元一八九一年，距今已經有一百三十多年了。如何把一個古早時代的「骨董」說活了，能不失其眞實，而又有與現代連結的傳承，對今人又有所啓發，寫成好讀好看的一本書，這是作者的任務。

蔣渭水生命最後的十年，作爲一位在大稻埕普受人尊敬的醫師，也是個成功的商人，他慷慨、熱血，待人眞誠又幽默，特別是對社會公義具有強烈的使命感。他有感於弱勢者因爲無知，不懂得爭取自己基本人權，於是揭竿而起，「撩落去」爲社會底層的人們發聲。投注他自己的身家性命，可惜在四十之齡不幸就過世了。

本書在蔣渭水一生的志業：臺灣文化協會、臺灣民報、臺灣民衆黨、臺灣工友總聯盟以及治警事件、鴉片事件等等，都著墨甚深，而又不嫌冗長沉重。尤其在對他的家庭生活描述，一妻一妾（當時代是允許一夫多妻）的心理揣摩，也都不失人情味。

用詞優美又現代化也爲本書加分，循循讀之，蔣渭水這個血肉之軀，他的理念、事蹟，他的奔放和成功，他平凡中的偉大，彷彿就在我們眼前。

——蔣渭水文化基金會董事／蔣理容

臺灣，在大航海時代以後，他的發展始終與世界息息相關；當我們翻閱歷史，更能感受到這塊飽經滄桑的島嶼，在挑戰與機會並存的同時，也不斷在試著回答人類社會的許多終極問題。

我們與海洋的關係、人群與發展機會的公平、永續的森林經營管理、性別平權與福利問題，這些複雜而難解的現象不僅只出現在當代，曾經也困擾著臺灣史上的許多大人物，無論是鄭成功、莫那．魯道、林占梅、陳澄波、蔣渭水，也都在困頓與迷惘裡，試著讓自己能夠給晦暗的時代一個答案。

本書作者透過獨特的視角，以聯合國十七項永續發展的標準，重新衡量曾在臺灣歷史舞臺上提出解方的人們，除了過往大眾較為關注的政治人物外，作者更將焦點放在沒有公權力、卻對社會關懷以及自身權力追求從未間斷的女性公民身上，像是追求受教平權的張李德和，以及用女性溫柔特質取代無才便是德觀念的醫師蔡阿信。

如果在歷史中只看見帝王與官場，或許眼界便被限縮在社會裡最擁有權力的前百分之一，如果還只看見男性掌權者，那無疑又少掉了百分之五十女性的觀點與付出。

作者透過史料與新觀點做到老舊交替的層次感，賦予了我們重新認識臺灣故事的契機，並擁有一套更爲完整的歷史認知，在前人的努力中重新爲當前的社會與世界，找到通往未來的希望與方向。

——故事方成式／李文成

宋怡慧老師，寫下《用書脫魯的一生閱讀術》、《大閱讀：讓孩子學會二十七種關鍵能力》……衆多族繁不及備載與閱讀相關的著作，應該能明白：她極度熱愛閱讀。

正因爲對各類型的書都有所涉獵，在《臺灣潮人誌》當中，讀者們可以看到宋怡慧老師如何透過歷史人物的故事，套入不同角度、知識，並延伸探討極爲現代的SDGs（聯合國制定的十七項「二〇三〇永續發展目標」），眞可謂琳瑯滿目。

比如在鄭成功的章節，怡慧老師利用心理學的角度，讓讀者意識到這位縱橫戰場的國姓爺，歷經父親缺席的童年、母親被敵軍殺害的青年時期，導致日後他在部下眼中有著喜怒無常且殺伐過於果斷的印象。

又比如怡慧老師引用《剛剛好，的生活》去詮釋日治時代的社會運動倡議者——蔣渭水，要知道蔣渭水當時身爲醫生，無論物質供應或是社會地位，都已經高於一般人，爲何他卻投身壓力山大的民權運動？或許人眞正的滿足來自於心靈，而心靈滿足的下限，決定一個人的追求和層次。

怡慧老師透過閱讀，在衆多知識領域都有所涉略，不過大家別忘了她的本行是國文老師，所以在《臺灣潮人誌》中，怡慧老師對歷史人物親手寫下的文字作品解析，是我認爲最具看頭的亮點。

像是被譽爲臺灣新文學之父的賴和，一生寫下遊記、小說、新詩、日記……這其中既充滿他個人的感情抒發，更是對生活環境的期盼及質問。怡慧老師不只是解析作品的文句，同時也探討賴和身處時代的大環境，讓我們看到作品是如何與時代呼應進而影響時代。

李白有個詩句：「土扶可城墻，積德為厚地。」知識及見識的成長，都需要經驗的累積。《臺灣潮人誌》提到的各方面知識，可以是引發讀者興趣的基礎，無論是對歷史人物經歷的觸動，或是對於文句流露出的優美而著迷，也可能是因爲某一則知識感到茅塞頓開的驚喜，期待各位讀者在接下來翻閱本書中，都能找到專屬自己那獨一無二的收穫。

——金老ㄕ的教學日誌版主／金哲毅

自序

臺灣關鍵時刻從未缺席的潮人物

書寫彷若在尋找自己的歷程，像是內心的召喚，關於土地、歷史、文化以及眞正的我。生於斯、長於斯，歲月醞釀的《臺灣潮人誌》，字字句句變成日常的惦念：如果，你心裡有我，有臺灣，下筆就會是「潮臺」的故事。

歷時許久，每每與筆下潮男女秉燭夜談的時間，多是似水年華的純粹流光。慢溯在他們過往篳路藍縷拓墾的時刻，原來，他們從來沒有離開過我們的生活。從海風徐拂的港口到繁華熱鬧的街市，處處可窺見潮人熱愛土地的身影；從蒼蒼鬱鬱的中央山脈到恬靜樸實的田園村落，每一隅都記錄當時臺灣眞實的處境。八位橫跨不同時期與專業領域的臺灣潮人物，足跡行遍臺灣母土，由他們來還原當時的關鍵時刻最爲切合。有人以筆爲矛揭露社會不平等，喚醒民衆意識；有人以行動爲盾爲民主而奔赴，他們志同道合地一棒接一棒，帶領臺灣人民追尋自由、爭取平等、宣揚正義，傳遞世代矢志不渝的臺灣意識，他們都是我們心目中引領潮流的臺灣造局者。

回首動盪的年代，他們即便面臨困苦的時刻，仍舊懷抱理想，爲臺灣奮鬥，猶如暗夜的提燈人，從探索自己到認識土地，每位潮人物都活出精采的一生。同時，他們所關切的議題與二〇一五年聯合國永續發展目標（SDGs），有不謀而合的連結與交集。全球化面臨熱門的SDGs潮議題，從海洋、多元夥伴關係、人權正義、文化啓蒙、貧富問題、性別平權、社會運動到優質教育等，百年前，潮人們早已不約而同地以行動證明他們是超前部署SDGs的引路人，更是邁向永續生活的日常實踐者。

我曾想：潮人們若能穿越時空，必然是臺灣熱點話題的預言家，亦是所有讀者心目中的「潮臺團」，當年，他們只要一現身，就像今日BLACKPINK在全球巡迴開唱的景況，所到之處必然是萬人空巷，掀起各地追星熱潮。身爲「潮臺團」的首席追星者，我不做史料考據的堆砌，不做人物針砭的歷史定位，而是以「讀者」心情重新細讀其生命系譜，認眞梳理其人生價值，也因潮男女的堅韌與勇敢，讓我重新認識美麗的母土——我們的母親臺灣。

當時他們感動我的言語，如今讀來依舊感動；當時他們震撼我的行動，今日看來依然震撼。他們超越制式框架的思維，在時代困局提出卓見新知，親力親爲。鐫刻在他們心底的信念，如今也成爲我想像世界的渠道。原來，潮人與我，我與讀者，讀者與潮人，或許會因這本書的付梓出版，和臺灣潮男女相互凝望，仨者成爲彼此深情不忘的知己。

不能被我們遺忘的「開臺聖王」鄭成功，以「逆思維」捍衛臺灣海洋的主權，把美麗島嶼推向國際舞臺，他是無人能及的航海王。走進望族子弟「正義哥」林占梅的人生長廊，他苦心孤詣地想促成族群和諧與人我平等的踐行，堪稱是「臺灣的和平大使」。至於，莫那·魯道義無反顧和日人直球對決，寧死不屈地誓與祖靈土地共存亡，絕對是最威的原住民人權鬥士。而臺灣民主先行者蔣渭水，投身社會改革，爲正義而戰，高舉臺灣意識的旗幟，點燃民主火炬，他就是臺灣人的底氣。還有，臺灣機智醫生賴和醫病也醫心，以斜槓文學家的身分寫出弱勢者的內在聲音，他就是臺灣社會的良心。當年女神的天花板不是志玲姊姊，而是被誤讀的張李德和女士，她以沙龍女主人的身分開啓藝文女力的新視界。同時，臺灣美術教父級人物陳澄波，手執畫筆感動那代人、這代人，每一畫、每一筆都定格當年臺灣的百態風情。最後，超越性別藩籬的蔡阿信，她以醫術和愛心創辦助產士訓練所，改寫臺灣醫療史的新頁。

重新讀一次——八位潮人物的名字，或許你早已耳熟能詳；或許你尚未與他們相遇，無論情深、緣淺，我只願讀者因《臺灣潮人誌》可以走進他們眞正的生命風景裡，從字句深情的刻痕，暫停時光的足跡，在文字凝睇的靈犀處，望見潮人們繁華落盡見眞淳的生命情味。從政治到文化，從藝術到教育，從醫學到社會，有人為信念奮鬥一生，有人為理想毅然殉道。他們雖扛負難以言說的時代重擔，卻以熾熱的情感寫下臺灣歷史獨一無二的存在，讓我們明白：苦難若是通向光明的渠道，他們都走在這條無悔的路上，鏗然有聲。

瞬間尋常，他們穿越與我自在暢談；尋常瞬間，我歷經他們的完美日常。願我能以文字描繪「潮臺」英雄們的臺灣在地精神，當他們華麗轉身後，文字指引我們堅持他們的堅持，再次尋回臺灣動人的心跳聲。相信未來，你會是臺灣舞臺最閃耀的潮之子、潮之女，接續譜寫嶄新世代「潮臺」的不朽傳奇。

臺灣潮人誌

福爾摩沙之洋的浪漫航海王

鄭成功

二〇二三年世界棒球經典賽最令人熱血沸騰的必屬臺荷之戰，除了「國防部長」張育成的滿貫砲，以小蝦米之姿壓制大聯盟打線的投手吳哲源，臺灣球迷隨身攜帶「國姓爺」鄭成功的畫像也成爲重要應援，在萬衆一心的加油聲中，果眞逆勢看漲，以華麗的投打擊敗荷蘭。當天成功抗荷的畫面，讓所有國民記憶似乎也回到三百多年前，鄭成功強勢攻荷，收復臺灣的歷史流光。

十七世紀是歐洲海上強權國家勢力不斷更迭的新航海時代，鄭成功對臺灣採取「逆思維」經營手法，不只讓四面環海的臺灣站上國際舞臺，更讓我們正視到蕞爾之島——福爾摩沙，若有機會從陸地思維轉移到海洋觀點，從陸地到海洋版圖，不只能讓臺灣人民窺見廣袤海洋的繽紛朗闊，更讓臺灣站上國際重要的位置。

鄭成功對中國來說，他是讓臺灣變成中國領土的漢人；對臺灣漢人來說，他是驅除外來強權荷人的民族英雄；對日本來說，他是當時不可一世的海上霸主，更是揚威國際的日本之光；對第三世界而言，他是首位能以海上軍力擊敗歐洲殖民帝國的東方航海王。在海上霸權風起雲湧的時代，「海洋」不約而同地成爲強國權力爭奪的新領域。鄭成功讓臺灣人更貼近海洋，且親手打造福爾摩沙變身成爲當代一顆閃耀的海洋鑽石。於此，臺灣的海洋地位不只光速躍遷，更爲島國如何想像海洋翻湧出無限的神奇波濤，奠定臺灣海洋經貿樞紐的「神位」，也讓鄭成功成爲海霸速成班的 CEO。

鄭芝龍是海洋的黑暗勢力

韓劇《黑暗榮耀》提到：「什麼樣的想法，就能讓你過什麼樣的生活；從不同的角度看事情，才能得到不同的結果。」

明朝實施海禁制度，搭船到平戶來做生意的人大多屬非法貿易行爲，若以今日的眼光來看，這些商船經營者應該就是不折不扣的海盜集團。鄭成功的父親鄭芝龍之所以能繼承大海盜顏思齊、李旦連結日本倭寇勢力的海上領導權，實因鄭芝龍深受李旦的喜愛。兩人在日本平戶島相識，鄭芝龍聰明、聽話、好學，且精通強國語言，如英文、葡萄牙文、日文等。他深諳語言就是商場競爭力，溝通沒有障礙，就不受制於他人的轉譯落差。他憑藉超強的讀心術，把李旦這位大老闆的心思摸得一清二楚，堪爲是地表最優質的幕僚。他不受限於陸地思維，以跨域海洋管理者的角度來看待商貿，「沒有門檻」的海洋思維放諸四海一皆準。甚至，他用全域思考找到洞察事物的底層邏輯，讓事情變得簡單，就是目標明確、任務分派。最重要的是，把老闆當一回事，學會謙卑地凡事請示大老闆，讓李旦覺得鄭芝龍簡直比自己的兒子還像自己人，這才是他心目中優質的職場接班人，最後把自己一半的海上生意大權交給了花美男鄭芝龍。

同時，鄭芝龍的外交手腕靈活，黑白兩道通吃，經過荷蘭、日本、中國海域的商船，若沒有插上鄭芝龍「令旗」作爲「自己人」的標誌，便無法通過該海域。一六三五年成爲叱吒福建與東洋貿易圈的「海盜王」。他公然利用國家給予的合法身分，掩護私下的非法勾當。當你聽話自動例繳「三千金」，我就安然讓你插旗渡海貿易，給你翻倍的利潤；但你若不聽話，我可能會「以眼還眼、以牙還牙、以傷還傷」，不小心打爆你的船隻，這像極現在黑道收保護費的行爲，每艘海上商船爲了相安無事，大多乖乖上繳保護費。鄭芝龍和敵手的鬥智火拚、尋找海洋發財夢，廣袤海洋讓自己從人生谷底攀上呼風喚雨的東方海賊王寶座，鄭芝龍不只成爲東方勢力最大、聲量最強的海上霸主，更是當時經營武裝海商集團的「黑暗勢力」。

鄭成功是臺灣的光明榮耀

鄭成功（一六二四～一六六二）出生在日本九州平戶。大航海時代的平戶是一座熱鬧又浪漫的城邑，更是許多外國商船停泊之地。當時的「海盜王」鄭芝龍，遠從中國來到日本平戶，看見當地女子不只擁有閉月羞花之姿，渾身還散發靜雅芬芳的氣息：「婦人雖跣足蓬頭而姿色羞花，宛如仙女。且頭髮日日梳洗，熏以奇楠，不似中國抹以香油也。」這些文句都可窺見平戶女子獨特的風采與迷人的吸引力。

鄭成功的母親翁氏（田川氏，名マツ）是位賢淑美麗的平戶女子，後來和鄭芝龍相知相識，結爲一對「只羨鴛鴦不羨仙」的恩愛夫妻。據說，田川氏懷有鄭成功時，曾至千里濱撿貝，因腹痛倚石而誕下鄭成功，此處就是現今平戶的旅遊勝地「鄭成功兒誕石」。同時，江日昇《臺灣外記》曾記載鄭成功玄奇的身世：「天明，閩說海濤中有物，長數十丈，大數十圍，兩眼煉似燈，噴水如雨，出沒翻騰鼓舞，揚威莫當。通國集觀，咸稱異焉。」這傳說意味著：鄭成功應是一條大鯨魚轉世，並將與海洋有段玄妙的情緣，終其此生，海洋會是鄭成功自我追尋與人生意義的重要所在。在鄭芝龍接受明朝招撫後，就派人把鄭成功從平戶帶回中國福建晉江，鄭成功也把福松改名爲「森」。

來到中國，他開始接觸儒學，矢志成爲忠君愛國、守正惡邪的士大夫。叔叔鄭鴻逵對他疼愛有加，他觀察到鄭成功天生穎敏，有「千里馳騁」的資質，不斷鼓勵他走向科考爲官淑世之途，爲拯救蒼生而兢兢業業，後來，表現搶眼的鄭成功成爲明代大儒錢謙益的優異門徒。

西元一六四六年開始，鄭成功和順治皇帝開啓長達多年的對戰。清人與明鄭正面交鋒，各有勝負，明鄭初始銳不可當，並以廈門爲據地，在海澄、漳州攻擊的凜然氣勢，讓勝率節節攀高，屢敗清軍。順治十年（一六五三），清廷欲封鄭成功爲海澄公，鄭成功未接受；順治十一年（一六五四）清廷甚至提出把漳州、潮州、惠州與泉州四府的兵權與領海之權交給鄭成功，並再次提出封其爲海澄公，企圖以利爲和談的籌碼。鄭成功依舊沒有答應這次和談的內容，還自一六五七年開始，扛起反清復明的大旗：三伐江浙、九征閩粵。清廷因而多次重申海禁，並斷絕沿海居民對其接濟的所有可能。一六五九年鄭成功採納何斌的提議，計畫收復「臺灣」以解決糧食不足的問題，並無預警地斷絕和荷商的貿易關係，一六六一年親率鄭軍約兩萬五千人從金門料羅出航，並於四月三十日，率領軍隊在鹿耳門登陸，對荷進行長達九個多月的圍擊，他的突圍讓荷蘭聯合東印度公司大員當局陷入前所未有的「大恐慌」。

浪漫的航海王：許臺灣海洋絢麗的未來

日本經營之神稻盛和夫：「決定人生的通常是兩個因素，一個是命運，一個是因果。」對明代的漢人而言，如果鄭芝龍是暗黑的海盜頭子，那麼，鄭成功就像極《航海王》的光明魯夫。他不以私利引領團隊前進，卻以反清復明的願景，激發南明遺民的愛國情操，打著反清復明的光輝旗幟，決心將勢力從陸地轉移到海洋。

鄭成功開始心向海洋，日後成就是把臺灣海上明珠的歷史位置推至高峰。據今約三百六十多年前的臺荷之戰，他出「奇兵」的智慧不只驚懾西方航海強國，最後讓臺灣易主而治的歷史事件，更顯示鄭成功開拓的膽識與魄力。

荷蘭守將揆一（荷蘭語：Frederick Coyett，一六一五～一六八七）是荷蘭東印度公司在臺灣第十二任、也是最後一位長官，被稱作「揆一王」或「夷酋揆一」。當時揆一對於鄭成功攻臺的傳聞抱持憂慮，但時任巴達維亞的總督范·德蘭（Jan van der Laan）卻評估鄭成功的水師再強，想要強渡臺灣海峽也並非易事。畢竟，這條水路向來危峻、意外頻傳，常是快樂出航，最後結局卻令人悲愴。同時，臺灣島易生瘴癘之氣，不時蔓延惹病，逼使渡臺者常因水土不服，而死於非命。最重要的是，在荷軍的沙盤推演中，他們擁有先進武器，砲彈射程遠，只需好整以暇，就能在城內狂掃明鄭軍船隻，因而並未把鄭軍登陸評估是硬戰一場。

不過，鄭成功攻臺的思考具有《逆思維》（*Think Again*）提及的「Think Again」。他發現：荷蘭人評估過鄭氏水師若要登陸，勢必會從南邊天然的港口靠岸，因而，在當地布下重兵防禦。當時鹿耳門當地沙泥淤積、暗礁眾多，水勢很淺，不利於船隻靠岸，荷軍就疏於設防駐兵。鄭成功觀察到他人不知道的「慣性思維」，經縝密規畫後，利用氣候優勢，當水勢漲潮必會高升數尺，船隻便能長驅直入鹿耳門。當荷軍發現情況不對之後，卽便炮火轉向，其威力卽便再強悍，射程也無法襲擊到鄭軍的大船。他開展「逆」思維的思考模式，謹慎評估氣候和地形，重現「孔明借東風」的強化版，他透過心理學搞懂對方如何思考的「底層邏輯」，他絕對有出兵的「優勢」條件，因而決定強力登陸攻荷。

鄭成功看似浪漫地帶領兩萬五千名鄭軍浩浩蕩蕩啓航，實是謹慎謀事的決定。他帶著懷疑及挑戰的科學家精神，不陷入畫地自限的盲點，改採詭奇的戰略，成功地塑造「天命在我」的心理暗示，在人助、他助、神助的條件下，鄭成功的水師以雷霆萬鈞的姿態攻下普羅民遮城（今赤崁樓）：「辛丑，成功攻臺，紅毛望見一人峨冠博帶、騎鯨魚從鹿耳門游漾而入。」這次的戰役，鄭家軍在心態就占上風，卽便船艦的火力並不算強大，卻能在「天時、地利、人和」下，兵臨普羅民遮城，果然五日後普羅民遮城的荷蘭人投降。接著，一鼓作氣，趁勝追擊，鄭軍雄心壯志地從北線尾、海面、大員三方向進行包圍，再大舉合攻熱蘭遮城。鄭成功掌握勝局的契機，讓攻守的氣勢漸漸分出高下，困守孤城的一千多名荷軍開始軍心惶惶。不只范·德蘭忽視荷人即將面臨「豬羊變色」的情勢，連戰力強大的外援艦隊也遲遲未能抵臺救援。揆一在孤立無援下，即便負隅頑抗，咬牙苦撐，長達九個月的煎熬也讓他內在意志逐漸瓦解、崩盤。再加上荷蘭中士變節、出城投降，並對鄭成功殷勤獻計，讓鄭軍勢如破竹地攻占到戰地的制高點烏特勒支碉堡。荷蘭末代揆一自知荷軍優勢頓失，只能靜然獻城投降，結束荷蘭在臺三十八年的統治歲月。

媲美華頓商學院正向談判的「說服檄文」

這場臺荷陸海之戰，傳說鄭成功的一篇「檄文」〈與荷蘭守將書〉功不可沒，不只是用來招降的「最後通牒」，也是「哀的美敦書」（Ultimatum）。這封書信展現鄭成功的做事風格，不僅實事求是，也善於循循說服，是一篇正向談判的說服檄文。

鄭成功先從臺荷政治事實來說：他希望執事揆一能做出明智的選擇。開篇他直接提到：「執事率數百之眾，困守城中，何足以抗我軍？而余尤怪執事之不智也。」清楚點出荷軍目前所做的都是困獸之鬥，希望他和士兵們不要再錯估形勢，要做出明智的抉擇。請讓城民自主地為自己活一次。一如蔡康永說的：「很多人說要做自己，只是說著玩的。先弄清自己是怎麼回事，才可能開始做自己啊。」盤點籌碼才有機會做出好決定，活出自我。

接著，曉以利害，「人命」至關重要，「夫天下之人固不樂死於非命，余之數告執事者，蓋為貴國人民之性命，不忍陷之瘡痍爾。今再命使者前往致意，願執事熟思之。」他明確地表達選擇的合理性，並從關係、利益、雙贏來談，天下人都期待能頤養天年，自己的苦心相勸並非爲了私利，而是替對方著想，不願他們陷入戰爭的苦難。他之所以一再派遣使者前往傳達和談的訊息，也是希望對方免於兵連禍結。接著，他的談判聚焦在對方身上：「執事若知不敵，獻城降，則余當以誠意相待。否則我軍攻城，而執事始揭白旗，則余亦止戰，以待後命。」鄭成功運用同理心給予眞心的承諾，若你不再抵抗，願意獻城投降，那麼，我一定以誠意相待。更進一步提到：自己不畏戰，若硬要兩軍相爭，鄭家軍隊會全力攻城。等荷軍高舉白旗，我毅然會停止作戰。這些「後發」制人的文字，給對方最大的同理底限，卻也帶有弦外之音，停戰才能避免兵馬倥傯、生靈塗炭的悲劇，具有威嚇之意。接著，再以「我軍入城之時，余嚴飭將士，秋毫無犯，一聽貴國人民之去。若有願留者，余亦保衛之，與華人同。」直接闡釋若是軍隊進城，也會嚴禁將士侵犯貴國人民，要求自己的士兵要以禮相待，任憑荷人自由地離去。如果，有人願意留下，鄭軍也會守護且保衛他們，讓荷人和明鄭所處的生活是完全相同的。這一大段文字再次表明自己會讓荷蘭人「光榮退出」臺灣，並保他們一世平安，高度展現對其尊重與同理，提醒荷人冷靜地思考投降與抵抗的優劣，答案不言而「顯」。

承上，再辨以是非，表明自身立場：「夫戰敗而和，古有明訓；臨事不斷，智者所譏。貴國人民遠渡重洋，經營臺島，至勢不得已而謀自衛之道，固余之所壯也。然臺灣者，中國之土地也，久為貴國所踞。今余既來索，則地當歸我，珍瑤不急之物悉聽而歸。若執事不聽，可揭紅旗請戰，余亦立馬以觀，毋游移而不決也。」鄭成功開誠布公地說道：戰敗談和是自古就有的依循；面對事情，若能當機立斷，就不會被聰明的人譏笑。荷蘭人民遠渡重洋來經營臺灣，確實走到謀求保衛的形勢，這實是明智又豪壯的事。鄭成功不操弄話術，保持公開且具建設性的論述，讓他成爲一位開誠布公、善於溝通的談判高手。同時把邏輯轉回臺灣是中國的土地，長久被荷國所占據。現在我軍既來討取，土地理當歸還原主。珍珠、寶玉等無關緊要的東西，就全部都讓你們拿走無妨。如果，你不聽從我的說法，當然可以高舉紅旗請戰，我會駐馬觀兵，指揮督戰。希望你做出智者的決定，不要再猶疑不決了，這是化危機爲轉機的大好機會。

最後一段則以「生死之權，在余掌中，見機而作，不俟終日。唯執事圖之！」鄭成功以「誠意」貫穿，再次說明生死的權柄，目前掌握在對方的手裡，若對方能洞燭機先、看見事情的徵兆，就該立刻行動應變，不再耽擱，就能救生民於水深火熱之中。這篇文章展現鄭成功的英雄大格局，不虛聲恫嚇、羞辱對方，展現時代英雄「正氣凜然、通情達理」的氣度。同時，文辭簡潔，喻之以理、動之以情、誘之以利、威之以武，明確地揭示招降的動機，從戰與不戰的利害進行分析。甚至，娓娓道來是非善惡的辨明，並讓出時間和空間，希望對方能好好考慮。若鄭成功穿越時空到華頓商學院開談判課，相信也會是最受歡迎的正向談判專家。最後，揆一開城門投降了，鄭成功果眞信守承諾，不只沒有背信無情地趕盡殺絕，甚至還仁慈地讓荷蘭士兵有尊嚴地按照荷人儀式，掛上荷蘭旗幟、攜回槍枝（可上膛、裝上子彈），擊鼓列隊使其登船離臺。鄭成功知道用什麼方法最有利，不躁進地逼迫荷軍，反而大度地引導荷蘭守軍走向和平投降之途，繞遠一點的路，卻能讓荷人將政權讓出，離開福爾摩沙的領導圈，說服的智慧才是他高格局的魅力所在。

與神同行——美麗的背叛

童年陰影不只是一段生命的經歷，它常是籠罩一輩子的心情陰霾。六歲之前，父親在鄭成功的生命缺席，他沒有父愛的具體想像，母親是嚴父也是慈母，更是他文武雙全的推手。白天教他讀詩文寫漢字、練習劍法，晚上更要他培養孝親敬仁、效忠國家的情操。六歲之後，父親硬生地讓母親翁氏在鄭成功的成長階段被迫離席。童年時期父親形象的空白、日後被迫與母親分離，讓他常「翹首東向，咨嗟太息，而望其母」這段文字看出他對愛的渴求，以及對安全感的依賴。對於父母在其生命無預警缺席的記憶，也成為鄭成功不定時的情緒黑洞，導致其待人處事極具矛盾衝突，彷若雙重人格。根據世界衛生組織以及美國醫師費利帝（Vincent Felitti）等人從事的 ACE 研究（Adverse Childhood Experiences，ACEs，簡稱童年創傷經驗），受傷的童年會讓人的大腦受創，導致杏仁核無法好好的判斷外界訊息是否有具威脅性，影響日後情緒的正常控制。過往痛苦受傷的經驗，影響長大後對親密關係的熱情和動力。

因而，鄭成功成年之後，在面對他人背叛、抑或是挑釁傷害時，性格呈現既殘暴又仁慈的雙重人格，他會對過去親如兄弟的施琅做出割席斷義的全面追緝，也會對同爲漢族的敵軍下達殺人屠城的命令（不分軍民、國籍、身分、階級）。但是，從〈與荷蘭守將書〉中，他卻展現高EQ理性的談判形象，甚至做出寬厚荷人的禮遇之情。根據臺大教授陳耀昌說的：鄭成功何以喜怒無常，動不動就要殲殺屬下將領？其實是他是有著伊底帕斯（Oedipus）弒父戀母情結（Oedipus Complex）的人，也是歷史上最令人同情的悲劇英雄。如果，我們設身處地，處於鄭成功童年經歷父母各自缺席，成年後，父子意見不合、母親自殺，任何人在這樣的巨大壓力下，不見得會比鄭成功更能克制自己的情緒。

清兵南下，鄭芝龍懦弱地決定降清，落得商人無國家的罵名；母親選擇堅決以身殉節，登上異邦烈女之列，鄭成功在極短的時間，陷入忠孝無法兩全的痛苦深淵與價值的不斷拉扯。歸順後的鄭芝龍被封爲「同安侯」，甚至被迫要寫封家書勸降鄭成功，父親的作法讓鄭成功整個心寒意冷，還得決絕地作書回其父：「違侍膝下，八年於茲矣。但吾父既不以兒為子，兒亦不敢以子自居……」這也意味著他公開地和父親劃清界線，父子關係徹底決裂。清朝要展現其高姿態的統治手腕，向鄭成功亮底牌，咱們滿人也不是「吃素」的，絕不會讓你打著反清復明的旗幟，爲所欲爲，恣意妄爲。因此，鄭成功在失去摯愛的母親田川氏後，父親與族人又接續落入被囚、被殺的慘劇。

《與神同行》說過：「爲了更遠大社會的利益而背叛，叫做美麗的背叛。」當鄭成功堅定地拋棄和他政治理念不合的父親鄭芝龍，人子不孝的罪惡感自此如鬼魅纏身，讓他只能自比「三太子哪吒」，爲自己忠孝不能兩全找一個完整的解釋：三太子哪吒割肉還母，剔骨還父，鄭成功的境遇彷若也和哪吒走向相似的路途。一如陳耀昌教授說的：「他經歷國族、儒家文化和親情三大價值的自我論辯與澄清。」我心疼鄭成功爲國家大業犧牲家族親情的選擇，或許走向社會利益的自我實現，也是「與神同行」的不得已的旅途。

辣個男人也許會遲到，但海洋讓他永不缺席

臺灣曾是一個備受爭奪掠取之域，大家看中的是它的戰略位置，但對鄭成功來說，是以前行者的角度在思考 SDG14 目標保育及永續利用海洋生態系的概念來經營臺灣的。他不隨波逐流地死守陸地思維，即便看見臺灣海洋在經貿關鍵的優勢，也不用強取豪奪的方式來消耗海洋的資源。當他與父親決裂、與世界碰撞的時候，他對海洋的思考像浪漫的哲學家，也像理性的科學家。他深諳海洋是臺灣戰略優勢的延伸，

當你正視海洋、守護海洋，就能讓國際資源走進四面環海的臺灣，同時，也能讓臺灣的「獨特」快速地華麗變身，站穩國際重要位置。

鄭成功攻臺是師出有名，他想要收回父親鄭芝龍「租借」給東印度公司的臺灣土地；同時想以擊荷證明鄭家軍的海權實力是世界第一等的。荷蘭絕對沒有想到：荷軍科技進步，洋槍洋砲威力驚人，身爲海上精兵，竟會輸給一群海商與海盜混雜的鄭家軍。以船隻爲例，荷蘭的船是鄭船的三倍大，稱之爲「夾板船」，船上有二十至三十尊大砲，而鄭船只有二門大砲。在大洋遭遇時，荷蘭船只靠著風力、船重，就可以把「戎克船」的鄭船撞翻、撞沉，哪裡還用發砲的攻勢。但，鄭成功發展出以小博大的火船戰術，一方面讓戰役對海洋的傷害降低，一方面也牽動臺灣海洋命運大的歷史，臺灣如海洋上一顆耀眼的鑽石，它的戰略與經貿角色，逐漸發光而被全世界看見。

無論是每天會被自己帥醒的鄭成功，還是轉型正義中，原住民族心目中剝奪他們土地的反派人物鄭成功。國姓爺從陸地思維轉向海洋百變的思考，若不多開點外掛來腦補，是無法一一劇透臺灣從海洋獲取到無與倫比的強大力量。如，它是世界各地商旅、移民、海盜、軍事謀畫者的輻輳地，同時，鄭成功廣袤的海洋思維，讓臺灣有機會脫離西方商業強權殖民勢力的掌控，開啓海洋臺灣的故事。簡單來說，鄭成功是透過海洋翻轉臺灣人民被外來政權殖民與壓迫命運的第一人，也是讓漢文化成爲臺灣社會主流的主導者，一如《黑馬思維》（*Dark Horse*）提到：「邁向目標的過程中，依據自己內在的動力，去調整和適應新的方向，逐步打造出屬於自己的熱情。」鄭成功讓福爾摩沙展現臺式海洋強悍又浪漫的國際形象，他不只是帶領臺灣前進、脫離外族統治的民族英雄，更是大家重新爬梳臺灣海洋文化與價值的開局者。

鄭成功

一六二四年出生於日本九州平户，在父親鄭芝龍接受明朝招撫後，六歲左右的鄭成功從平户被帶回中國福建晉江，自此從福松改名為「森」，並開始接觸儒學，矢志成為忠君愛國、守正惡邪的士大夫。後因受南明昭宗敕封為「延平王」，即為現今臺灣民間信仰中祭祀的「延平郡王」。

一六四六年起，鄭成功扛起反清復明的大旗與清朝開始長達多年的抗戰；一六五九年採納何斌的提議，計畫收復臺灣以解決糧食不足的問題，並於一六六一年，以不虛聲恫嚇對方，正氣凜然且通情達理的英雄氣度，成功打贏關鍵的臺荷之戰。一六六二年成功結束荷蘭在臺三十八年的統治歲月。

此役不只驚懾西方航海強國，也讓臺灣這個海上貿易經濟樞紐、且具有重要的戰略之地有易主而治的機會，並從此奠定鄭成功「開臺聖王」的歷史地位。

潮議題

SDG14

—保育海洋與海洋資源—

根據美國海洋保育協會（The Ocean Conservancy，TOC）的統計，國際上海洋垃圾最頻見的是食品包裝材料、菸蒂與塑膠瓶；臺灣海洋垃圾裡塑膠占有九成，以瓶蓋數量最驚人。

遠見專欄作家魯皓平曾發表文章指出，《Nature》期刊上有科學家發表研究報告，由垃圾堆積而成的「太平洋垃圾帶」（Garbage Patch）有漸趨擴大的態勢，這個因為洋流帶動漂流、最終沉滯在副熱帶高壓帶的垃圾，自加州外海延伸至夏威夷，跨越了一百六十萬平方公里，是法國領土的三倍，更令人咋舌的，它的面積有臺灣領土三萬六千平方公里的

14 LIFE BELOW WATER

四十四倍大。

關於海洋中人類所製造的垃圾，該如何面對？是讓它繼續惡化，或者盡速想方設法阻止？社企流曾在相關報導中提到相關解決案例，原來荷蘭的「海洋清理行動（The Ocean Cleanup，簡稱 TOC）」組織，已經設計出一臺「海洋吸塵器」，這是由十八歲的荷蘭青年史萊特（Boyan Slat）所發起，他與其他夥伴研發出僅依靠風力、海浪、洋流等三種自然力量，設計出的這臺「海洋吸塵器」，在二〇一九年已經能有效地撈捕住偌大的海洋垃圾。

當然，面對海洋垃圾，臺灣亦有所作為，他們是「Micro PC 點點塑」新創設團隊。二〇一八南韓及綠色和平東亞分部（Greenpeace East Asia）的研究人員分析顯示，食鹽中含有高達九成的塑膠微粒，南韓仁川國立大學（Incheon National University）的海洋科學教授金成珪提出：「研究結果顯示人們從海洋產品攝入的微塑膠量和當地的排放有強烈的正相關。」因此，「點點塑團隊」發明了新型回收技術「塑膠微粒補捉器」，可以有效地減少海洋中塑膠微粒的含量。「點點塑團隊」為了讓下一代的青少年了解更多有關海洋的環境汙染問題，之前曾舉辦相關議題的活動，透過面對問題、合作、實做、思辨，不只實際做出創意小型海廢蒐集機臺，更引導青少年從中實際參與拯救海洋的行動，還給海中

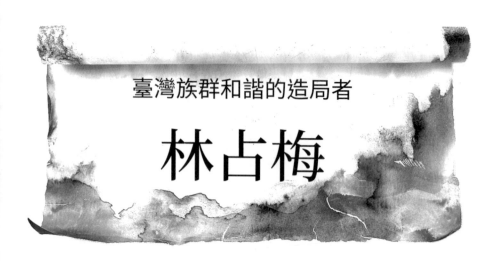

臺灣族群和諧的造局者

林占梅

有人說，政治就像是一場選秀，你要有錢、要有組織，甚至要有快速圈粉的明星魅力，這都是政治明星在選戰中缺一不可的。清朝中葉，臺灣新竹就有兩大家族，分別是林家與鄭家，以仕紳身分影響臺灣社會的政經發展，他們不只有足夠的金錢、辦理團練，甚至家族的接班人都散發政治明星的非凡魅力。一如《造局者》提到的：「他們運用腦中的思考框架，在現實社會構建了可以實現夢想的體制框架，他們展現腦中的思維格局，雙手締造了壯闊的新局。」清領時期，漢人的地位偏低，從政者的在地影響力亦然。但，林占梅另起思考框架，先奮力爭取族群和諧的世局，自然就能找到解決衝突的更好角度，成爲族群平權的領導人。一如清領時代臺灣俗諺云：「三年一小反、五年一大亂。」這來自於閩、粵、原等多元族群之間，因彼此的語言、習俗、信仰等差異造成的隔閡，加上清朝爲了掌握政權穩定，採用「分化」政策，族群間爲爭奪各自私利，因而臺灣在清領時期發生多次的分類械鬥。但，林占梅深知漢人移民的和諧是打造臺灣幸福島的關鍵，因此，他傾盡全力，即使散盡家產，也要無私地協助臺灣走向族群合作，以及移民對臺灣「在地化」認同的目標。

他像一位引光的人權鬥士，無論當時的社會現實充滿多少險惡與黑暗的現實，在林占梅的心底，還是期待能帶給臺灣土地美好存在的想像。他從未因被攻擊、汙衊而放棄攜手向前的各種可能。他爲族群的和諧而戰，歷經親友的背叛，讒言的抹黑，但，他知道：如今的一小步，未來會是臺灣邁向族群融合的一大步，猶如臺劇《人選之人——造浪者》說的：「這些都是很小很小的事情，可是這些很小很小的事情，都跟臺灣的未來一樣重要。」林占梅在可以選擇的時候，挺住壓力勇敢地站出來，爲建立族群平權與族群和諧犧牲奉獻、摩頂放踵。

要「追」林占梅前，要先「入」他爺爺的坑

西方富人卡內基（Dale Carnegie）和洛克斐勒（John D. Rockefeller）爲建立新式的財富觀和遺產觀，提出這樣的新穎觀念——前者說：「帶著偌大的財富死去，是種恥辱。」後者說：「他的財富皆由上帝所賜，要還給上帝。」華麗的財閥大家族，面對死後財產的移轉，有人是「取之於社會、用之於社會」的公益作爲，有人是遺財於後代的心態，沒有對與錯，人人都有不同的考量。有人會選擇遺財，有人會選擇遺德，善待他人就是林家留給後代子孫最珍貴的遺產。在清領時期，林占梅家族就有公益慈善的概念，尤其林占梅身爲財團第三代接班人，他對金錢的選擇顚覆時人的想像，到底是誰留給他的身教？他慷慨解囊、救困扶危的作法，前衛的疏財仗義思維，到底受誰的影響？

清領時代社會的領導階層，除了擁有實權的政治領導人，具有經濟資本的在地商人也擁有「喊水會監凍」的隱形影響力。林占梅的爺爺林紹賢是高人氣的商賈，更是當代商人的天花板，他懂得「馮諼買義」的民心操作，不只圈住一群「布衣」鐵粉，還常說出像賈伯斯（Steve Jobs）口吻的金句：「成爲墳墓堆中最有錢的人對我來說毫無意義，

對我來說，最重要的是，晚上睡覺前我可以告訴自己我今天做了一件了不起的事。」

這位地表最會圈民心的爺爺到底是何方神聖？林紹賢生於乾隆二十六年（一七六一），可說是當代臺灣「紅頂商人」的頂標人物。他擅長搬有運無，不只洞悉投資的祕訣，在新竹建立「林恆茂」商號，並在其遠見的經營下，林紹賢不久後成爲富可敵國的商賈大亨，當時臺灣人更以「招財王」來讚譽他。

不過，他沒有陷入「商人無祖國」的思維，他爲自己打造仁義商人的崇高地位，不只花費鉅資投入社會公益，也遵行「道行、道德、信義」的信念，每每造橋鋪路，在當地捐置大衆廟產，修建文廟、竹蓮寺、東寧宮，且與竹塹仕紳倡議興修竹塹石城。竹塹之所以能在清代中期快速發展，他便是其中一位重要的「社企力」推手，一如韓劇《財閥家的小兒子》說的：「順水行舟固然會賺錢，但我想要的是改變水流的方向。」因此，他改變商人重利輕義的形象，還獲清廷賜頒「海邦宣力」的匾額，道光九年（一八二九），剛正不阿的林紹賢去世，誥封「資政大夫」，他明晰「祖宗若厲害，子孫講話就大聲」的道理，同時，爲林占梅的未來鋪墊出一條仁義的絢麗坦途。

捐好捐滿的慷慨慈善家

林占梅（一八二二～一八六八）祖籍福建泉州同安，號鶴山、巢松道人。從小天資聰穎，被家族視為大才之器，父親祥瑞早逝，但疼愛他的祖父，親力親為地從旁協助教導他，也重金延聘鴻儒擔任占梅之師，甚至，讓他十六、七歲就當起文青背包客，遊遍中國大江南北——「繼以南遊吳苑、北登燕臺」。林占梅承襲爺爺善心義舉的家族傳統，讓林家成為貧家的守護者，他們憑藉遠大的胸襟與高深的抱負，透過「捐好捐滿」的行動幫助更多需要幫助的人，讓濟弱扶傾不只是掛在嘴上的形容詞，而是如燦光照拂於臺灣各角落的樂善好施之行。

急公好義的林占梅另一個斜槓身分是清代中葉知名的竹塹詩人，除了琴棋書畫樣樣俱佳，更是知書達禮的文青。他雖未習制藝，也沒有參加任何科考，但在國家危難之際，主動加入保家衛國的行列，不僅出手大方、毀家紓難，也建立不少的軍功，他的思維很接近特斯拉執行長馬斯克（Elon Musk）的理念：「如果一件事情夠重要，那麼即便所有條件都與你作對，你仍應該要做。」因此，他將自身擁有的資源慷慨地施予社會，消除窮困者的飢餓，改善弱勢者的苦難生活，並發揮慈善家實質的影響力，不僅懂得體民之苦、順變應時，在行善的態度上也十分的高調霸氣！他滿溢熱情的公益之心，不遺餘力的行善之舉，受到清廷的賞識，得以由恩賞以貢生加道銜，在平定戴潮春之亂之後，以功恩賞布政使銜，這更是名至實歸的褒讚。

我不是在潛園，就是在前往潛園的路上

清朝中葉，臺灣林、鄭兩家各自建造潛園和北郭園[1]。北郭園是新竹市一座業已消失的中式園林，它由清朝開臺進士鄭用錫於咸豐元年（一八五一）所建，一般人以「外公館」相稱；林占梅的潛園建於道光二十九年（一八四九），在竹塹西門內購置土地兩甲餘（約三十畝），耗費十八萬兩建造，俗稱「內公館」。宋人吳自牧在其筆記《夢粱錄》寫道：「燒香點茶，掛畫插花，四般閑事，不宜累家。」文人常以四雅（四藝）歡聚雅集，古代文青的生活就是詩情愜意。就像林、鄭兩家廣邀文人雅士至園邸吟詠爲樂，不僅帶起竹塹的藝文、教育風氣，也讓林占梅、鄭用錫成爲名流仕紳圈的領袖。

1 清治時期時由當時官紳始建的中式園林，作爲平日娛樂及社交聚會場所。其中，臺灣五大名園有新竹北郭園、新竹潛園、板橋林本源園邸、霧峰萊園、臺南吳園。

維也納作家彼得．阿爾滕貝格（Peter Altenberg）曾說：「我不在咖啡館，就是在往咖啡館的路上。」咖啡對彼得．阿爾滕貝格而言，是一項必要又迷人的癮物。咖啡是作家的創作日常，也是生活之必要。那麼，林占梅的潛園，則是他風雅的日常，更是他創作與宴客的寫意人生。

林占梅是傑出的臺灣詩人，也是非凡的園藝設計師，他所開闢的潛園湖石曲水爲臺灣建築史上開啓「私人園林」的嶄新扉頁，它不只富有江南的婉約之風，也具有臺灣本地園林情味。「潛園」作爲當時最夯的文人聚集地，起心動念是師法王羲之流觴曲水蘭亭集會的風雅。他召集離人墨客相聚於斯，園內營造茂林修竹、賞石觀花的視覺美感，讀冊琅琅、琴音鶴鳴，敲響了聽覺的天籟；焚香澄心、花草馨香啓動了嗅覺的串流；品茗酌飲、珍饈佳餚帶來了味覺足滿；甚至簡單地弈棋帖字、幽室靜坐都能養心怡情，休養生息。從五感的愉悅到心凝神釋，最終性靈的昇華，若不是親自蒞臨，無法體現人間天堂的實境版。園居雅致的日常是文人藝術美感的實踐，友朋相聚讓寄情園林的詩意栖居凝鍊出當代文人的閑靜風雅，每一隅似繚繞悠悠餘韻，它的存在是建構當代文人生活的一處桃花源。

從林占梅興建「琴嘯亭」到發表作品《潛園琴餘草》數量近兩千首，境教涵養人心，詩人無論經歷人生高處或低谷，甚至是人事乖舛、家逢變故，只要在潛園詩酒信步，就能讓他鼓琴自適：「我性嗜鳴琴，抱琴夜共宿……盟交願與託始終，一生長伴閒園裡。」潛園滌盡爾虞我詐的塵污，在多才多藝的詩人內心，一把無生命的古琴就是他無聲的好友。彈琴的時光更是其排悶解憂、消除塵慮的消遣：「琴撫朱弦塵慮滌」、「琴常獨撫聊排悶」，紅塵萬丈的世界多煩憂，置身琴韻之中，亦是林占梅心靈療癒、抒解愁悶的解藥，頗有「別有天地非人間」的生命況味。

至於「放鶴亭」的營建，可見他對鶴的喜愛不亞於古人：「行吟常伴鶴，坐嘯不離琴」、「養琴常抱睡，愛鶴每隨行」，你可以從詩中體會到他在琴鶴相伴下，卸除名韁利鎖的束縛，置身於潛園的歲月果眞「不知老之將至」的優閒時光。

潛園處處蘊人道，時時漾詩情

從林占梅的紀實詩，亭／園記的文本，彷彿重現清領時代臺灣園林主生活的文人日常。臺澎道徐宗幹評論占梅詩：「和靜清遠，古澹恬逸……故詩味多琴味。」從林占梅的〈地震歌〉原序：「道光戊申（一八四八）仲冬，臺地大震，吾淡幸全，而彰嘉一帶城屋傾圮，人畜喪斃，至折肢破額者，又不可勝計矣。傷心慘目，殊難名狀，今歲暮春復大震二次，驚悼之餘，乃成七古一篇，歌以當哭，時三月初八未刻也。」作家陳正榮評析〈地震歌〉提到：「就其記事功能、寫作技巧、災難關懷堪稱是嗣後臺灣文人寫作地震關懷詩的典型。尤其，林占梅能清楚點出事件、時間、災難所及與對災後的影響，並讓時人可理性看待地牛翻身雖是天災難測，但災後的重建與預防以更為重要。」一如詩末：「長歌賦罷心轉愁，驚魂未定筆亦柔。此情回首不堪憶，此身猶自隨沉浮。安得長屋縮地法，居吾樂土免煩憂。」從作品不難看出林占梅對災民的悲憫之心、同理之情，並用《神仙傳》的典故來暗指若能擁有神力，就能幫百姓排除地震的發生，讀來充滿人道和悲憫的情懷！

林占梅被推舉為臺灣藝文的沙龍主人，以「鶴山」、「鶴珊」為其號，反映其淡泊名利、寧靜致遠的天性。「潛園」的存在並非只為朋輩在閒暇之餘，能與知己兩、三人寄情園林一起品茗、蒔花、彈琴、作畫、題詞而已。潛園獨具以詩酒信步的優雅，一景一物都蘊藏詩人紛擾坎坷一生的真實情韻。或許，他被拱上時局浪尖，當上社交界的精英寵兒，並非他所欲。面對外來的虛華掌聲，也非他所眷戀或追尋。他多次在作品提及自己嚮往的是海闊天空、無羈無絆的生活。當年，竹塹文酒之盛，冠於北臺，潛園勝景自然吸引高官貴人或騷人墨客聚集，嘉賓往來談笑，席間契闊談讌，充斥新穎開放的思潮，潛園不只是優雅閒逸，時有吟詩唱和聲，處處蘊藏人道；也常有風流雅士駐足，時時漾著詩情。

沒有永遠的朋友，也沒有永遠的敵人

朱一貴事件、林爽文事件與戴潮春事件被稱爲臺灣的三大民變。清朝同治元～三年（一八六二～一八六四），彰化發生臺灣史上規模最大、歷時最久的民變「戴潮春事件」。該事件起因於官府取締非法組織，臺灣兵備道孔昭慈對「八卦會」進行清剿，捕殺會黨成員，八卦會首領戴潮春擔心身家性命及個人聲望受到威脅，於是被迫率眾起事反清。戴潮春掌握精準的起事時間，並很有膽識地以「聯和」的力量結盟，要漳、泉兩批人馬同心合作，雙方絕對要信守「聯和二屬，不相欺凌，庶不致激成分類之變」的承諾。

隨著戴潮春事件的規模逐漸擴大，林占梅決定挺身而出，他以保衛鄉民爲號召，不只變賣龐大家產，籌備軍餉，還投入平反戰役，就像研究學者羅士傑說的：「一八六二年的戴潮春案即可視爲當時地方菁英彼此間在長期利益競爭的基礎下所產生的武力衝突事件。」根據河洛歌仔戲《竹塹林占梅》的故事描述：過往臺灣本土菁英各自累積政經實力、人脈，德高望重的林占梅爲何會和黎民口中的救世主戴潮春從兄弟變仇敵，最後還相互對峙而廝殺？過往，潛園賓主盡歡的酒宴，席間觥籌交錯的歡愉，林占梅和臺灣菁英代表戴潮春、鄭如材情同手足，臺民起事抗清，沒想到，清朝使出「以臺制臺」的手段，居間挑撥臺灣本土菁英的情感，讓彼此心生嫌隙，開始猜忌、暗藏祕密，過去的潛園風雅成爲回不去的純眞時代。

臺灣族群和諧的造浪者

臺灣是一個多元移民的社會，清代官府力量鞭長莫及，平日地方事務治理仰賴地方望族出面處理糾紛、評斷公理。一如影集《造后者》提及：沒有權利的正義是無用的，而沒有正義的權利就等於是暴力。

這場歷時最久的民變，最後，清廷採用以臺制臺，分化族群團結的策略，借力使力，讓自己人打自己人，最終平定了戴潮春事件。據傳事後，朝廷也准許林占梅可以徵收「畝捐稅」，以彌補其平定民變的家產損失。沒想到，此舉卻引起臺進士鄭用錫與名流林占梅之間的嚴重衝突。鄭家不僅拒絕交稅，又因佃戶租稅問題，鬧出人命，鄭家一狀告到淡水廳、臺灣府，甚至重賞上京告御狀，原本感情融洽又有姻親關係的二家，竟開始因事反目、爭訟不息。

林占梅長期建立的正義形象因沸騰的閒言閒語，開始崩盤瓦解，更因不堪訟事纏身，於同治年間抱恙猝逝，享年四十八歲。林占梅最終撲朔迷離、衆說紛紜的死因，讓後人聞之也不禁俯首嘆息。

林占梅一生從不抱怨，也不與人爭利，他總是想著：自己能爲別人多做點什麼？一般人大多以自身利益爲考量，林占梅卻用「以利聚財，以義用財」的作法，企圖打造一個正義的社會。作爲一位愛國人士，他經常使用大量金錢來募勇衛鄉、防止械鬥與捐資撫卹難民。一如《財閥家的小兒子》提及：「繼承財富的我、世襲貧窮的你，我們卽便在同個時間、同一片天空下，也生活在截然不同的世界，如同前世與今生的距離，是兩條遙遠的平行線。」一位銜著金湯匙出生的財閥之子林占梅，想的不是權貴仕紳的生活可以更加富有而已，他想的是出身貧寒階級的家庭是否可以因他人的襄助而翻身？透過公益之行連結在地的人民，他知道，每個人雖不能決定出身，但我們應有仗義疏財、民胞物與的大愛精神。

一生為社會公益而奔走，林占梅願拋棄自己擁有的金錢——「濟困扶危，糜萬金不少惜」，讓他成為清領時期投入社會平權運動的代表性人物。尤其他慷慨任俠的作為，時人稱他有「東漢八廚」之風[2]。

回顧林占梅的一生，他早已具有SDG10中減少不平等的精神，他自辦團練、捐款紓困、平定民亂，期待能為遭受歧視、機會不平等的臺灣人民，建構一個多元和平的生活體系，同時，他也具備SDG16中和平正義及健全的制度的觀念，畢生雖未習制藝，但對於族群間的平權與福祉，無不竭力以赴，我彷彿聽見他死前最後的奮力一喊：「你能消滅我的肉體，卻無法消滅我的精神！」此時，我會聯想到《人選之人——造浪者》的文方提到的：「我們是隱身在後臺的人，我們創造舞臺，創造燈火，創造出你看到的，創造出你聽到的，創造出這些就會贏嗎？但如果什麼都不做，就會輸。我們的存在是讓候選人站在浪頭上，我們是造浪者。」若說林占梅生命的大事就是堅守愛民的初心，而「心中的候選人」就是和他生活在一起的臺灣人民。他最想看到臺灣各族群和平站在舞臺中央，我們不要當古惑仔拚場，要當守護者顧場，臺灣是我們的家，我們的場，同時，我們要和平攜手「造」自己的局。

終其一生，林占梅認爲眞正的公平是理性溝通，眞正的正義是彼此尊重同理，他是努力爲促進臺灣和平的造局者，他另起思考的框架：唯有讓這座島嶼變得更好，才是所有人向上提升的最好命運。

2 《後漢書・黨錮傳序》：度尚、張邈、王考、劉儒、胡毋班、秦周、蕃向、王章等「八廚」，這八位讀書人願把自己的財產用在救濟他人，所以被稱爲「廚」。

林占梅

一八二一年生，字雪村，號鶴山、巢松道人，幼名清江。其祖父林紹賢經辦臺灣鹽務，商號「林恒茂」往來呂宋島經商，林家便成為竹塹地區的重要望族，但即便出身豪富，琴棋書畫無不精通，林占梅卻無半點膏粱子弟的氣息，個性豪放、慷慨任俠，常以財救人濟人，時人稱譽其有「東漢八廚」之風。

戴潮春事件爆發時，林占梅以鹽運使的身分，獨撐大局，變賣田產組織團練，力圖維持地方治安；更親率二千精兵，進攻被戴潮春占據之地，成為平定此次民亂的重要功臣。此外，林占梅也是清領時期的知名詩人，其詩集《潛園琴餘草》收錄一千九百多首詩，風格多樣，情辭俱有可觀，傳頌一時。而其所興建的園邸「潛園」更是當時新竹文人主要活動的據點。

潮議題

SDG10

一減少國內及國家間不平等一

10 REDUCED INEQUALITIES

一九九〇年，世界銀行制定全球極端赤貧線的標準為生活費「一天一美元」，到了二〇一〇年，全球極端貧窮人口約有十二億人。二〇二二年世界銀行（World Bank）對於「赤貧」的定義為「每人每日生活費不到二・一五美元」，其基礎源自美國貧窮門檻，二〇二〇年疫情爆發後，使貧窮現象更加惡化，根據聯合國中文官網的最新資料顯示，截至二〇二三年全球仍有近七億人的生活費不足每天二・一五美元。臺灣目前所幸有《全民健保法》支撐，致使無力就醫的貧窮者免於崩潰，進而構成社會負擔。

貧窮造成生命的不平等，面對貧窮我們可以怎麼做？華視新聞記者蔡欣辰、梁碩文曾在二〇二三年的報導中提到印尼雅加達一對雙胞胎姊妹，一九八三年創辦了一所慈善小學，針對六～十七歲貧困兒少供予教育，除了讀書寫字外，也指導他們其他專長，確保他們畢業後，不必上街乞討過日子。二〇〇六年的諾貝爾和平獎得主、孟加拉的穆罕默德．尤努斯（Muhammad Yunus），他創辦了鄉村銀行，藉著運用小額信貸讓社會底層脫離貧困，為窮人提供一個改善生活的管道。

在貧富差距日漸加劇的現代社會，如何解決或擺脫貧窮的問題，需要更多人伸出援手，投入行動，讓這個世界的貧富差距現象越來越少。

SDG16

—和平、正義與健全的司法—

16 PEACE, JUSTICE AND STRONG INSTITUTIONS

印度國父、聖雄甘地（Mohandas Karamchand Gandhi），畢生致力於族群的和諧與追求公義而奮鬥，是與本篇主角林占梅追求的公益慈善、族群和諧契合的最佳例證。

甘地出生於一八六九年，為商人後代，是名素食主義者。一八九三年，甘地赴南非工作，發現移民南非的印度族人被剝奪公民自由與政治權利，他開始遊說並反對南非的種族歧視，爭取生而為人的平等權利，以及反對國族的不平等。一九一三年，他在南非發起一場印度礦工的遊行，以致翌年南非政府允諾減少對印度人歧視。

甘地深受托爾斯泰（Leo Tolstoy）與梭羅（Henry David Thoreau）的思想影響，他與托爾斯泰通信直到托氏過世，托爾斯泰一直關注印度的民族主義；甘地也受到梭羅的著作《公民，不服從！》（*Civil Disobedience & Life without Principle*）的啟蒙，窮盡一生他都奉行公民不服從、不合作的獨立運動。

馬丁．路德．金恩博士（Martin Luther King, Jr.）為一名浸信會牧師，他於學生時代便深受梭羅的《公民，不服從！》影響，極早即意識到人的不平等，進而投身以非暴力的公民抗命方式，爭取黑人在美國社會受壓迫的人權。金恩接觸到甘地的非暴力獨立運動，深受影響，一九五九年，他遠赴甘地的家鄉印度，更加堅定自己抗爭的立場。一生為人權奮鬥的金恩，一九六四年榮獲諾貝爾和平獎殊榮。他在一九六三年的一場集會遊行，發表了震撼世界的演說：「我有一個夢」，至今仍舊影響後來前仆後繼為理想拚搏的人。

甘地與金恩，他們和「造局者」林占梅一樣，都是人權鬥士，一生以建立族群平權與和諧而摩頂放踵、犧牲奉獻。

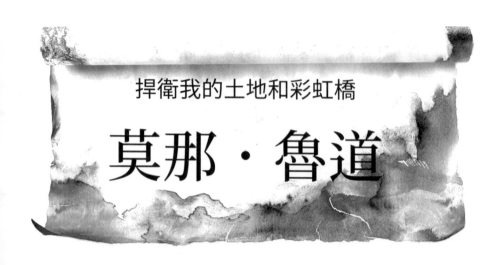

捍衛我的土地和彩虹橋

莫那．魯道

一八九五年，臺灣割讓給日本，日本以「脫亞入歐」爲目標，並把「臺灣全島」納入日本殖民統治的版圖，原本擁有自由自主生活的臺灣高山族群，其傳統生活與土地價值開始受到嚴峻的現實挑戰。同時，日本帝國主義對原住民的管理，其採取的治理手法「枉顧人道」，不僅利用「以蕃制蕃」的政策，還頻繁製造種族間的大小衝突。

日方爲了順利統治，一九一一年總督府刻意安排被遴選過的蕃社頭目們前往日本觀光，莫那．魯道也在明列參訪的名單之中。這類以「內地觀光」名義的日本旅行，實是現代軍備展示的威嚇手段。原民頭目們遊歷東京、大阪、長崎等現代大都市，看到日本各種先進的建設，深知其勢力之強大，進而產生崇敬之心。爲期四個月之久的內地觀光，他們表面上雖備受禮遇，事實上統治者是希望他們從參觀歷程心生畏懼，進而不敢再對日起反抗之心，強化他們臣服於日本強盛的國力之下。回國之後，有些頭目深知自己無法與之抗衡，成爲靠攏、親近日方的「味方蕃」[1]。

但莫那．魯道卻沒有被這種招降伎倆迷惑，回臺後，他深刻反省：處於霧社的族人鎮日遭受「理蕃警察」不平等的對待，輕則惡言相對、重則拳腳暴擊，日方行徑的反差，讓莫那．魯道心裡越來越清楚。這並非眞正人與人之間的公平正義、互惠共榮，其內地觀光的目的不過是對頭目領導進行「洗腦」——原住民族要認淸事實，與日抗衡不過是「以卵擊石」的愚昧作法，你必須心悅誠服地對日本效忠，才能「永保安康」。

莫那．魯道更體認到：日方常利用原住民族憚慮的心理，唆使所謂親近日方的

1　味方蕃（日語みかたばん），日治時期會協助日方政府、警察、軍方去執行偵查、搜索、勸降、運輸等任務的原住民，亦稱親日蕃、良蕃。

「味方蕃」挑起族群間的矛盾，向來以和平共處爲原則的原住民族，在其挑撥離間下，開始針對權力與土地等問題產生猜忌、仇視的摩擦與爭執。這招以夷制夷的計謀，屢屢奏效，導致部族之間大小衝突不斷，嫌隙和誤會加劇，甚至還反目成仇，互相殘殺，失去過往族社間和平共處、相互扶持的善意氛圍。而讓莫那·魯道最無法忍受的是：日人爲了開發山林土地，無所不用其極地苛虐、剝削族人，讓他們引以爲豪的美麗土地逐漸消失。

一場以勇氣捍衛家鄉土地，用犧牲和毀滅換取靈魂自由的戰役，臺灣史上悲壯的「霧社事件」於是展開，最後，日人對「不歸順蕃」進行大規模的屠殺，甚至施放國際禁用的化學毒氣，導致與之對峙的原住民族傷亡無數。就像《王牌大律師》說的：「我們能做的就是讓他們正面衝撞，讓他們爲自己的人生做個了結。」莫那·魯道帶領相信他的賽德克族人，一起面對當時的局限，尋找那座通向自由正義的彩虹橋，即便，戰鬥的終曲最後留下令人心碎的結局，這部如史詩般壯闊的霧社事件，傳唱淒冷卻永恆的正義之歌。

找對賽場你就能勇敢奔赴

莫那·魯道（Mona Rudo，一八八〇～一九三〇）出生於南投霧社，賽德克族人，他出生的地方放眼望去有蒼翠高聳的林木，薄霧籠罩著層巒疊嶂，身邊有翩然起舞的蝶蜂，啁啾鳴叫的禽鳥；朗晴的日子，搭乘竹筏在蜿蜒溪流裡慢溯捕魚，也可以到蓊鬱山林裡豪氣地狩獵，這裡彷若純淨、豐饒的人間桃花源。美麗家園孕育出賽德克人樂觀熱情的性格，他們平日沒有衆聲喧囂的煩擾、沒有對立扞格的鬥爭，在歲歲年年感恩的儀典中，族人充分感受到世間人情的繁花盛開。他們樂於和土地對話，慣於營造永續環境的生活價值，就像在《我們共同的未來》（*Our Common Future*）報告中提到：「永續發展是一種既能滿足我們現今的需求，同時又不損及後代子孫滿足他們需求的發展模式。」這些先進的理念和原住民族對於環境和自然共生的意識不謀而合。

莫那·魯道天生就有聰明冷靜的頭腦，在父親嚴格的調教下，他具有創造力、專注力、勇氣的獨特魅力。從小就長得高壯魁梧的他，不只目光炯炯有神，讓人望之而敬畏，長大後越發驍勇善戰、積極進取。十七歲憑藉高俊勇力，出草獵首的行動一舉成功，父親魯道·鹿黑（Rudo Luhe，又名魯道·巴耶）看出他面對困難毫無懼色，儼然就是未來頭目最佳的接班人。

同時，自詡要成爲部落偉大領導的莫那．魯道，自然把護守賽德克族部落的傳統美好文化與價值當作一生的信仰。因而，莫那．魯道對於資源的永續，生態的共存共生，早已是根深柢固的思考，那是老祖先留下的傳統價值，也是族人打造美善生活的依循。莫那．魯道做事的俐落、打獵的勇猛，讓部落前領袖帖木．羅勃（Temu Robo）對他十分器重和賞識。他慢慢地讓年輕的莫那．魯道協助處理部落內的大小糾紛，以及對外的溝通協商，他從沒停下成長的腳步，在邁向馬赫坡社的領袖之路，他期盼族人的臉龐是洋溢幸福的模樣。因此，在他接掌部落之後，把族人放在心底，以他們的最大利益爲考量，果眞使部落的勢力日漸壯大。一如城邦媒體集團首席執行長何飛鵬說過的：「領導者必須具備令人尊敬的品格、具有家人般的同理心、有共識的價值觀、做事的能力。」莫那．魯道恰如其分地給予族人一瞬而生的暖意，也領導族人不忘祖宗留下的根本，這才是打造賽德克人優質生活的源頭，就像楊士毅《沒有門檻的幸福》中提到：「發現天堂就在你用心感受的每個地方，幸福是沒有門檻的。」莫那．魯道決定把磨難與黑暗變成祝福自己的禮物，找到自己的主場，盡情奔馳在自己的賽道，他找到屬於自己沒有門檻的幸福，如光的方向就是他要帶族人往前奔赴的答案。

愀然變色的美麗家鄉

所謂「一方水土、養一方人」，對於環境和土地的主張，賽德克人和日人的思維是截然不同的。臺灣總督府爲了讓臺灣產業與建設呈現朝氣蓬勃的繁麗景象，他們無視原住民對土地守護的意識與永續的作法。日人爲了獲取經濟利益，對於林木資源的強取豪奪，讓原住民日漸心生不滿。對賽德克人而言，看待土地的態度是齊等友善的，相傳他們的祖先是從樹根誕生的，因此神聖的樹木對族人而言，不只是一棵平凡的樹而已，它是族人生活的夥伴，是守護土地的朋友，不應隨意砍伐。但，日本管理原住民的方式，並不是懷柔尊重，反而是強勢打壓，甚至強硬地灌輸強國思想，企圖以文明「同化」賽德克人的傳統習俗。爲了經濟利益，日人大量砍伐林木，不只傷害物種的平衡，也挑戰原住民尊重土地的底線。原本，莫那．魯道的作法是與日人和平共處，讓族人盡量休養生息，不要有太多的殺戮與戰事。但是，祖先留下來的土地被迫害地越來越劇烈，族群的活動與行爲不斷被掣肘，當族群靈魂被禁錮，當文化傳統被消滅，族人純然的生活跌墜至暗黑的深淵。就像《西雅圖的天空——印第安酋長的心靈宣言》（*How Can One Sell the Air?*）提到的：「這塊大地的每一部分，對我的族人而言，都是很神聖的。每一根燦亮的松針、每一片沙灘、每一陣幽邃森林中的薄霧、每一片草地、每一隻嗡嗡作響的昆蟲，所有的這些生物，在我們人民的記憶裡及經驗中，都是神聖的。」賽德克族和印地安酋長當時的感受是雷同的。在日人的理蕃政策下，莫那．魯道知道大家都已退無可退了，部落居民要的不是土地開發帶來的情感疏離、文化斷裂。美麗家鄉的愀然變色，原住民與土地的關係開始疏離，甚至因伐本濫墾而分崩離析，不斷被迫拋棄祖先留下來的生命智慧，賽德克族的命運就如失根的浮萍，漸漸失去榮耀與尊嚴了。莫那．魯道不再妥協地和魔鬼（日人）進行交易，唯有選擇帶領賽德克族對抗日本殖民統治的壓迫，才是眞正解決橫亙於眼前巨大困難的唯一方式。

請不要挑戰我們的底線

莫那．魯道並非是一個權謀善鬥的領導者，他主張非暴力溝通。但是，在和日人多次交涉、對話的過程中，不斷地委屈與退讓，卻沒有換來該有的尊重。初始，面對日本統治者對原住民高壓同化的政策，莫那．魯道選擇冷靜觀察、不積極反抗，以達到和日人和平共處的機會。爲了不興干戈，多以隱忍求全的態度，換取更大商議的空間，藉此謀取族人更多的談判資源。一九〇九年，莫那．魯道的妹妹狄娃絲．魯道（Tiwas Rudo）嫁給日本警察近藤儀三郎。後來妹婿因故離散，日方不只沒有給予他們應有的支持與關懷，竟讓其妹日後的生活饔飧不繼，連兩位外甥女也相繼病死。這些罔顧人情的作法，讓莫那．魯道對日人心存憤恨。加上，日本的部落警察對族人無限上綱的苛求，傲慢無理的欺壓，還強行原住民女子與在臺日人聯姻，甚至，聯合親日的族人，攻擊不願順服的部落，這種企圖以「自己人打自己人」的卑劣作法，更是莫那．魯道無法再忍受的行徑。

我們都知道，賽德克族的紋面文化（patasan），是他們引以爲傲的文化印記。但，諷刺的是，紋面卻被日本統治者視爲落後、野蠻的傳統習俗，紋面是賽德克族男性在狩獵、戰場上有英勇表現，才能在其胸、手、足、額刺上特定花紋的榮耀；對女性而言，則代表善於織布的讚揚，紋面不只是一種神聖的象徵，也具有成年、美觀、避邪的多重意義。

日人不只強制他們不能再紋面，甚至粗暴地要紋面的族人進行外科手術，強制清除紋上的圖騰……這樣歧視族人傳統習俗，踐踏弱勢族群文化的行爲，不只對族人的認同感造成很大的衝擊，也在各部落掀起反彈的聲浪。畢竟所有的賽德克族都相信：唯有遵守 Gaya，善盡家庭責任，守護土地、祖靈傳統，才算是「眞正的」人。他們死後才有機會走上那座「彩虹橋」，也叫做「祖靈橋」，當男性手上留有紅色印記、女性雙手長滿厚繭，才有資格進入彩虹橋彼端的祖靈家鄉，那更是歷代先祖聖潔的永居之所。莫那．魯道被踩到退無可退的界線，日人挑釁的是紋面文化與「彩虹橋」的光榮傳統，這也讓莫那．魯道徹底改變過去以和爲進的對日態度。就像莫言說的：「人一旦悟透了，就會變得很沉默。不是沒有了與人相處的能力，而是沒有了與人逢場作戲的興趣。」如果，逢場作戲無法求全，讓族人的生活變得更幸福，這場戲莫那．魯道決定要立刻「棄演」了。

選擇走人煙稀少的路

一九三〇年（昭和五年）日人計畫大規模興建學校宿舍，不只蠻橫地強行進入族人的狩獵區，對林木濫砍濫伐，踐踏祖先生活的聖地，還不時命令馬赫坡社族人超時搬運木材。日人時常苛扣族人工資，且日人爲了避免木材受損，只准許他們用肩扛木材，日警只要不順心就會對族人拳打腳踢，蠻橫到毫無人性可言。

讓衝突一觸卽發的導火線是一九三〇年十月七日，莫那．魯道爲族人主持婚禮，長子達多·莫那（Tado Mona）向巡查警員吉村克己敬酒，在族人神聖的婚禮，兩人發生言語、肢體衝突。事後，莫那·魯道雖多次帶著小米酒前去賠罪致歉，卻被吉村強勢地拒絕和解，並以言語羞辱，外加出言恐嚇，表示要嚴懲莫那·魯道父子。所謂「士可殺，不可辱」，事已至此，莫那·魯道不再卑躬屈膝的求和，這次，他要讓自己和族人成爲爲土地與正義而戰，活成眞正有尊嚴的「賽德克人」。這次，莫那·魯道決心要選擇一條人煙稀少的決戰之路，對侵害其人權、土地的日人發出宣戰書。

日人圖求富國強兵與經濟效益，恣意濫砍濫伐、予取予求，不顧原住民的人權與文化。莫那·魯道對於自己一再退讓的怯懦深感羞恥和痛苦。就像美國詩人佛羅斯特（Robert Frost）〈未走之路〉（The Road Not Taken）說的："Two roads diverged in a wood, and I — I took the one less traveled by, And that has made all the difference." 這首詩的意思是：這片樹林中分岔出兩條路，而我最終選擇人跡稀少的一條，這也決定了我一生的道路。這首詩恰好描繪了當時莫那·魯道當時的心情，遇到百般屈辱自己與族人的壓迫，已無法隱忍求取虛幻的和平，這一戰卽便會引來流血漂櫓，大地兵燹的後果，他犧牲生命也在所不惜，就以賽德克族英勇的靈魄與日軍展開爲正義而戰、爲土地而戰的征途。莫那·魯道開始傾聽內心的鼓音，決定勇敢承擔，即便最終的結局是犧牲自己的生命，他也毫不畏懼或是膽怯，這條路踏上了就不再後悔，也不再回頭。如果重來，他還是會做同樣的選擇。

驚天地泣鬼神的霧社事件

《百年孤寂》（*Cien años de soledad*）有句經典的話：「人生的本質，就是一個人活著。不要對別人心存太多期待，我們總是想要找到能為自己分擔痛苦和悲傷的人，可大多時候，我們那些驚天動地的傷痛，在別人眼裡，不過是隨手拂過的塵埃。」莫那．魯道曾是對日方態度友善的原住民，從委屈求生的卑屈到慷慨起事的壯烈，他所歷經的悲愴心路並非他人能理解的。就像霧社事件起事前，莫那．魯道慷慨悲憤地對荷高社頭目怒說：不體諒同族的苦難，苟且偷安想要袒護日人的歪想……從靈魂吼出的傷感，是他深知日本帝國把原住民當作苦役來欺壓、迫害、虐待、歧視的種種經歷，他們一向尊重人權與婦女，習慣與大自然共處、自由自在的生活，這次不得不選擇以「死」捍衛族人尊嚴的決絕，更讓我們知道：當一個人不再以自己的土地傳說為傲，也不再以紋刻族群的傳統圖騰為榮，那就是和魔鬼為伍。過去的隱忍猶如溫水煮青蛙，慢慢地喪失自己身為賽德克人的靈魂。

但，日人對於原住民的監控是相當嚴格緊密的。即便，莫那·魯道祕密籌畫幾次詭奇的計策，最後都因消息走漏或是意外事件而被迫「停擺」。幸好，莫那·魯道不是個躁進的人，他沉靜地在等待一個萬事俱足的絕佳機會。一九三〇年十月二十七日，日本人爲紀念北白川宮能久親王而舉行的臺灣神社祭神日，莫那·魯道事先召集馬赫坡（Mahebo）、波亞倫（Boalum）、荷歌（Hogo）、羅多夫（Rodof）、塔洛灣（Tarowan）、斯克（Suku）等六個社爲中心，聚集且組織了一批精壯男子，準備在天敵日本警察吉村經過部落，以及所有高級官吏聚集霧社公學校運動會時，一舉起事抗日。當日在天光未亮前，莫那·魯道就強行獵取馬赫坡駐在所杉甫巡查之首級，之後憑藉凶猛的火力以迅雷不及掩耳的方式突襲參加活動的日本人，並有紀律地進攻警察駐在所、郵便局、行政機關、宿舍、商店等區，同時，成功地奪取日本人的武器、彈藥，史上稱之爲「霧社事件」。

霧社事件是賽德克族向日本帝國宣戰的血祭，他們要強勢政權正視原住民文化與人權的重要，賽德克人不願認輸的民族魂，企圖用「壯烈之死」抗日的決心，更能看出原住民族內心有多想擺脫日本殖民的統治。事件發生之後，日軍不只氣憤難平，還要求親日的「味方蕃」作爲前導部隊，下令對抗日的叛亂者馘首，以示嚴懲。同時，日軍惡狠地以強大的砲火，猛烈無情地進攻，再以飛機投毒氣彈，連日輪番地轟炸，讓英勇的賽德克族人，因傷亡慘重而漸無能力抵擋日軍。智勇出衆的莫那．魯道，看到族人陷入「飢寒交迫、彈盡援絕」的困境，就讓妻子巴干和賽德克婦女群吊於樹、投環而死，此景象看似淒涼，卻也正意味她們將與祖靈契合，最終純潔的靈魂會在彩虹橋相遇。

按下人生最後的快門，彩虹橋的祝福

莫那．魯道與賽德克族人的反抗，不只震驚日本政府與國際社會，也讓臺灣總督石塚英藏急調日軍大舉進攻霧社，要求盡快平定叛亂。對日作戰超過月餘，莫那．魯道明白大勢已去，求仁得仁，終是無悔。他把跟隨的族社壯士交給其子達多．莫那。獨自率領眷屬，攀登至懸崖峭壁之上，傲然選擇在深谷中舉槍自盡。抗日英雄莫那．魯道看似悲情壯烈的結局雖令人不勝唏噓，但其英勇的事蹟卻永留史冊，震撼人心。

一八九五年，清朝與日本訂立馬關條約之後，日本覬覦臺灣原住民掌握的山林豐富資源，最初雖採用柔和的歸順手法，並以利益交換林木礦產，但多數原住民無法接受這樣的作法，如同吳俊瑩提到：「日人守備隊強行進入賽德克族人領域，就是在挑戰原住民對文化與土地的認同。過往，一九〇二年賽德克族在『人止關之役』，也曾做出與日軍強行進入祖先土地的對峙抗衡行為。當時，巴蘭社的總頭目瓦歷斯・布尼（Walis Buni）帶領族人利用地形的優勢，透過峽谷的峭壁山險，以山地密林戰進行射擊，成功擊退進入該地的日本軍隊。或許，這樣鮮明的族人起義歷史也烙印在莫那・魯道的心中，為土地而戰是賽德克人的天職，尤其，人止關戰役的勝利代表日軍的統治勢力仍然無法越過賽德克人得天獨厚的天險防線。」

選擇按下人生最後快門的姿態，在莫那・魯道留下可歌可泣的霧社事件後，讓我們了解原住民守護土地的決心，他們以傳統 Gaya 協防關係，對抗入侵者的作法，就是賽德克人過往一貫的選擇。莫那・魯道雖無法成為第二位成功擊退日人的英雄，但原住民族在保護、維護及促進領地生態系統的永續使用上，絕對是永續環境的忠實守護者。若從打獵的傳統來深究，它對原住民族是具有神聖的意義的，獵物不可濫捕，或造成獵物無端犧牲造成資源浪費；打獵要心懷感激、助念禱詞，感謝獵物以生命餵養族人，盡力維護生態平衡，這些祖先留下的傳統其實就是對永續環境經營的智慧。

每道傷疤都是光榮的印記

如果從 SDG15 指標來看，霧社事件是賽德克族義無反顧的抗日行動，它是民族的認同，也是原住民族在臺灣土地上與環境共生的思維；是他們與山林搏鬥求生共生的經驗，也是他們尊重自然，守護土地的智慧。原住民對環境的態度，不只不「野蠻」，還是尊重自然並發展出族群和土地共處的規範好榜樣——這正是賽德克族所稱的 Gaya 或 Waya。

日人自以爲是的現代化，用文明規範限制原住民族的生活與信仰，強勢推動皇民化，要求族人服從並進行同化改造，讓原住民族變成天皇子民，而且失去族群的神話、姓名、文化、信仰與土地觀。抗日是「明知不可爲而爲之」的選擇，那也是捍衛傳統完整，對祖靈致敬的方式。因而，莫那．魯道和族人用盡全力去護守自己的領土，寧願選擇死亡，也不願苟活。

日劇《核災日月》說過：「唯有在場的人，才能講這個故事。」因而，我們知道，當下的困境，讓一個人的生命選擇映照出一個人的高度與格局，在歷史現場的莫那．

魯道，他義無反顧地選擇決戰，最後，家人、族人也跟隨他加入捍衛尊嚴的神聖之戰。他們不願意被日人活擒後，受到更多非人道的屈辱或是鞭笞。四十八歲的莫那．魯道在最精壯的年歲，選擇爲族群的自由而死，我們可看出原住民在尊重族人文化與母土的永續性，無論時空如何更迭，也會極力保存祖先留下的神聖傳統。

一九三三年莫那．魯道的遺骸被道澤群獵人在馬赫坡巖窟斷崖中發現，翌年六月，日人將其「暴骨示衆」，之後再轉至臺北帝國大學（今臺灣大學）土俗人種學研究室（今臺大人類學系）供師生進行學術研究。日人如此殘忍的作法，不讓其入土爲安的仇恨心思，足見日人對霧社事件的耿耿於懷以及報復心態。或許，每個生命的難關都是艱難的抉擇。但，路只要走過，自然就筆直起來了。就像馬丁．路德．金恩〈我有一個夢想〉（I Have a Dream）提到的：「我夢想有一天，這個國家會站立起來，眞正實現其信條的眞諦：我們認爲這些眞理是不言而喻的：『人人生而平等。』我夢想有一天，在喬治亞的紅山上，昔日奴隸的兒子將能夠和昔日奴隸主的兒子坐在一起，共敍兄弟情誼。」我想：莫那．魯道的夢想是想讓希望與自由的聖光，照拂在賽德克族的土地上，這條崎嶇曲折的追尋之途，從晨光初透到星光閃耀不斷地奔赴，最終，眞的抵達那座炫麗繽紛的彩虹橋，窺見眞正自由與愛的美好世界。

莫那．魯道

一八八〇年生，為賽德克族霧社的頭目，也是霧社地區幾個具有影響力的領導人物之一，為日治時期重要抗日事件「霧社事件」的領導人。他曾經受臺灣總督府的招待到日本參訪，途經東京、京都、名古屋等日本城市，深知日軍的實力絕非原住民所能企及，也在這趟旅行中，深刻感受到統治者的不平等對待，因此對於日本官吏的嚴苛極度忍耐。

然而，長期的隱忍依然無法換得平等的對待，終於在一九三〇年，霧社事件爆發，日方出動大批軍隊進入霧社鎮壓反叛的族人，在兩方軍火實力懸殊的情況下，莫那．魯道率領族人奮力抗日多日，最終依舊不敵日軍砲火，莫那．魯道在馬赫坡溪右岸一處隱密的岩窟中以三八式步槍自盡，在歷史上留下一個不屈不撓、為賽德克族勇敢抗日的身影。

潮議題

SDG15

保育陸域生態，永續管理森林，防止土地劣化，遏止生物多樣性的喪失

15 LIFE ON LAND

有「地球之肺」稱謂的亞馬遜雨林，主要有吸收與儲存二氧化碳功能，保護區卻經年累月被人類濫墾伐木，影響全球暖化加劇。社企流曾在二〇二一年的報導中指出，為避免亞馬遜雨林的樹木被盜伐，「AKQA」創意公司發揮創意，產生推動「Code of Conscience」的程式碼（稱為「良心之碼」），藉此有效阻止樹木被盜而日益短少。「AKQA」團隊向全球十大伐木機械製造商發出邀請函的呼籲，邀請函以永續木材製作成良心之碼芯片。致力保護熱帶雨林的巴西原住民 Kayapo 族領袖 Raoni Metuktire，亦投身其中。位在巴西欣古河流域被不斷開發種植大豆和牧場包圍，原

住民深受氣候變遷傷害，國會不斷阻撓他們劃設傳統領域，這一舉措造成對雨林無盡的威脅，因此Raoni Metuktire挺身而出捍衛原住民的權益與土地。

無獨有偶，根據《今周刊》記者陳亭均二〇一六年的報導，熱愛種樹的大雅貨運董事長賴倍元，人稱「賴桑」，他接受《一步一腳印發現新臺灣》採訪時說，在幼年時享受到的生態，現在日益短少。賴倍元在臺中的大雪山買下許多土地種樹，數十年來種下數以萬計的樹木。他說每個人一年製造的二氧化碳有七．五噸，人不能舉債地球，他的信仰就是種樹。散盡家產的賴倍元，購買廢棄的果園與垃圾山，整治後栽種臺灣原生種樹木，他的初衷與最終目的，為讓後代人去看，前人早已經在做種樹這件事情，留存下來的是「意義」。他不砍伐、買賣、家傳，他的二子也加入種樹行列，目前已影響數百人投入。他說人至多唯能存活百年，可是樹木可活千年以上。

一九三〇年，臺灣發生重大抗日的「霧社事件」，由莫那．魯道帶領族人對抗殖民的日本政府，他的動機除了日本帝國把原住民當作苦役來欺壓、迫害、虐待與歧視，不尊重人權外，其背後的重要因素係賽德克族對土地的態度。如果從SDG15指標來看，原住民族對土地的敬重，以及保護、維護及促進領地生態系統的永續使用，源於他們對山林真切的愛心。

臺灣民報

Made in Taiwan × 臺灣人正港的底氣

蔣渭水

日治時期，臺灣受高等教育的知識菁英，在一九二〇年代之後所展現的民族精神是從武裝抗日進化到「非武力抗爭」的思維轉彎。他們將自身汲取到的西潮，尤其是民主自由的養分，轉化爲抵抗殖民統治的強悍思潮，這批臺灣引以爲傲的知識菁英，選擇以正面挑戰，積極碰撞體制，臺灣人的身分不再是負面標籤，而是值得被所有人認同的名字。一九二〇年代臺灣的社會運動猶如繁花齊放的燦美，蔣渭水正以「眞情吶喊」的底氣激勵無數臺灣人信從其愛臺的理念，讓許多臺灣人民開始願意爲自己爭取更大的自由。在治警事件的開庭審判現場，他慷慨激昂地陳述自己對臺灣前途的想像：「我要感謝神明，使我生做臺灣人，是因爲臺灣人把握世界平和的鎖鑰咧，世界平和的第一關門，是東洋的平和，以中華民族做日本國民的臺灣人，應具有做日華親善之楔子的使命，依著臺灣人遂行這使命，東洋的平和，才能確保，世界人類的幸福，才能完成。」他內心恆久不變的信仰就是讓臺灣被看見，因而，他把臺灣的位置看得很高，臺灣人的自由想得很大。卽便，改變確實沒有想像中的容易，他仍舊「共手挽擊起來，去做就著矣」。

蔣渭水展現摩頂放踵的公義之心，把臺灣當文化缺乏的病者認眞醫治，期待我們活出正港臺灣人的底氣，過著眞正有品、有意義的臺人生活。他總是大聲地喊出：我是「Made in Taiwan」，這位臺灣醫界×政界的奇男子展現改革的殷切熱情，追求進步的實踐精神，蔣渭水正是所有社會行動的燃煤，他最常說的一句話是：「同胞須團結，團結眞有力！」只要他一說出，就能瞬間燃起臺灣人民「正港」的臺灣魂，就像《重啓人生》說的：「這個人讓我們連想要嫉妒都無法，只能稱讚。」他是大家打從心底尊敬也崇拜的臺灣人典型。

蔣渭水先生的生命顏色是明亮澄澈的，他勇於開創新局與積極奮鬥的精神，讓他在臺灣史冊寫下許多的「第一」：一九二一年他與林獻堂召集臺灣知識精英，創辦第一個現代新思潮的結社「臺灣文化協會」；一九二三年四月十五日創辦的一份純白話文報紙《臺灣民報》，成為臺灣人民爭取言論自由的發聲園地，更是鼓吹、傳播新式思潮的訊息來源；一九二七年創立臺灣第一個政黨「臺灣民衆黨」，他畢生積極巡迴全臺，宣講勞動與勞運意識。一九二八年在臺北市蓬萊閣成立臺灣第一個總工會「臺灣工友總聯盟」。他極力宣揚民族文化的自覺以及傳播現代知識啓迪民智，讓黃煌雄在《蔣渭水傳》中稱他為「臺灣的孫中山」。最令大家驚愕的無常是，一九三一年八月五日，蔣渭水因染上傷寒，在春秋鼎盛的不惑之年逝世於臺北醫院（今臺大醫院）。

人際的聚光燈

阿基米德說：「給我一個支點和一根槓桿，我可以移動地球！」每個人都是這個世界的一塊拼圖，站對位置，你就能憑藉你的優秀改變世界，你的卓越會讓世界改寫某頁的歷史。一如願當臺灣民主人生嚮導的蔣渭水。

蔣渭水（一八九一～一九三一），字雪谷，祖先來自福建漳州府龍溪縣，他則出生於臺灣宜蘭。童稚時期，父親蔣鴻章因生計在廟街爲人占卜看相，蔣渭水做過乩童，也和弟弟渭川沿途叫賣過李仔糖、水果、什物來貼補家用，這也印證了吃過苦的靈魂，無論面對任何挑戰未來都能得心應手。但，蔣鴻章心裡總是清楚的：「知識就是力量」，知識的累積就是下一代翻轉階級的助力。這一代再窮也不能窮教育，蔣鴻章決定讓蔣渭水先進入當地的私塾學習，師承宜蘭宿儒張鏡光茂才，這個決定不僅奠定其深厚的漢學基礎，也影響蔣渭水日後演講善用藉此喻彼的敍事技巧，讓日本警察即便拿著放大鏡在檢視他的演講稿，也找不到治罪的把柄。

一九〇七年，蔣渭水轉入宜蘭公學校就讀，並以優異的成績考取臺灣總督府醫學校（臺大醫學院的前身）。其弟蔣渭川爲了讓哥哥蔣渭水能專注於學習，平日到宜蘭郵便局（今宜蘭郵局）工作，夜間還加碼電話接線生的活兒，以此貼補家用，用行動支持哥哥的多項政治社會運動，開啓蔣渭水爲臺灣民主奮鬥的傳奇人生。

人在黑暗的世界待久了會畏光，所以一定要力圖「改變」。蔣渭水身爲孫文的忠實粉絲，他是第一個發起「國民捐」活動的人，孫文十次革命不屈不撓的形象烙印在年輕的蔣渭水心底，他就是民族的大英雄，更是他心中永遠的「Super Idol」！那麼，一直和孫文作對的僞君子袁世凱就成了他眼中破壞大局的大魔王。

一九一四年七月，他與杜聰明、翁俊明等人，企圖使用蒐集到的霍亂弧菌作爲暗殺袁世凱的祕密武器，他認爲「生化」戰是用最少的資源就能一舉殲滅敵寇的利器。三位有志青年在行動前，信誓旦旦地想：以生命和鮮血擁護民國，爲國除害，效忠、捍衛孫中山，不達目的，誓不罷休。刺殺計畫雖然因爲人生地不熟和資源受限而沒能成功，但這批懷抱理想與臺灣民主夢的醫校青年們，未來都成爲臺灣民主路上最重要的中流砥柱。

性格樂觀正向的蔣渭水，在學期間，他除了鑽研醫學專業，個性積極又熱血，加上高社交能力，成爲同儕間的「人際聚光燈」。他常以文字分享革命思潮、批評時政，還不時有驚人之舉，如，因和日人意見相左並發生肢體衝突，而被禁足兩星期；在艋舺舉行學生大會，一場演講秒燃同儕的熱情與民族意識；在和尚洲水湳庄（今蘆洲）舉辦柑園會議，直接抨擊殖民主義，鼓吹「臺灣解放運動」。他讓年輕人知道，紅塵多喧擾，我們活成自己就好，真的毋需討好，讓自己安心的地方就是眞理的所在。

一九一五年蔣渭水以第二名優異成績，於臺灣總督府醫學校畢業。剛開始，他先回宜蘭醫院工作，一九一六年蔣渭水選擇回到臺北大稻埕太平町開業。於此，開啓他與大稻埕命定的緣分。蔣渭水在〈五個年中的我〉提到：開業的前五年，自己還沒有找到志同道合的伙伴，大部分的時光還在自我探詢的階段。但這五年，蔣渭水的自我探索，對未來走向自我實現的道路是很重要的奠基。他以醫術精湛的「神之手」，解除許多病者的病體之痛。加上，性格正向幽默、口才雄辯滔滔，大安醫院不只是他懸壺濟世的工作場域，更是仕紳往來互動的人際交流區。

一九一七年，蔣渭水取得宜蘭「甘泉老紅酒」的代理權，他的身分越來斜槓，不只是杏林春暖的醫生，也做起了酒的代理商，展開叱吒商界的生活。一九二〇年蔣渭水還入資四大臺菜酒樓之一「春風得意樓」[1]。他接手春風樓之後，春風樓成爲一處可以容納四百人宴會的酒家，以此爲據點，它不只是朋友圈「類藝文沙龍」的宴席所，

1 當時「春風得意樓」和「江山樓」、「東薈芳」、「蓬萊閣」稱爲四大「旗亭」。

這裡也是許多有志之士開展臺灣「公民覺醒」的嶄新基地。

當時，蔣渭水不只在這裡辦過應援飛行員謝文達的餐會，充滿人群魅力的他一開口就旋即募資到購買臺北號飛機的金額；在這裡也宴請過好友林獻堂、日籍社運人士賀川豐彥，堪稱是當時民主菁英會談的匯集地。受到友儕影響，他面對日本總督府的態度，開始強硬起來。他不接受妥協式談判，民族主義與文化認同是他改革的基本立場，同時，他高度關注無產階級，把所有的心力投入在農工運動。蔣渭水明白：在殖民統治下，決定臺灣人命運的不再只是努力，而是找回做臺灣人的驕傲與底氣！自此，蔣渭水堅定走上民主之路，也決定他崇高的歷史地位。

就像孟子說過的：「生，亦我所欲也；義，亦我所欲也，二者不可得兼，舍生而取義者也。」蔣渭水身處殖民時代，卻從沒有猶豫過為臺灣人奮鬥的使命感，他清楚知道：臺灣未來的定位和高度，在於臺灣人民必須走自己的路，而不是當日人左右的思想傀儡。在民主路上，你身上有多少數不清的光榮傷痕，就象徵著臺灣帶來的「光榮勳章」。他從不畏懼為被日本殖民體制欺壓的百姓發聲，這位被譽為「臺灣新文化運動之父」的蔣渭水，總是為臺灣的民主勇往直前地奔赴，也把自己活成臺灣好故事。

從醫界到政治前線的人生轉彎

古人說：「上醫醫國，中醫醫人，下醫醫病。」無論是中國的孫文、菲律賓的黎剎（José Rizal）、古巴的切．格瓦拉（Ernesto Che Guevara）、臺灣的蔣渭水，他們都是不只擁有高超醫術，救人之性命，還心念國家前程，以救國爲終生志業。日治時期，日人一心想用高壓手段同化臺灣人，有些臺灣人在威逼利誘下，逐漸忘卻臺灣文化的本質。

一九二一年（大正十年）春天，蔣渭水結識了積極推動臺灣議會設置請願運動的知己，也就是伸張自治主義的林獻堂。兩人一見如故，排除萬難地成立「臺灣文化協會」，這是臺灣第一個島內非武裝抗日團體。同時，文協開始發行會刊，傳遞社會進步的理念與價值觀。他們憑藉強悍硬骨的精神，在日本殖民教育下，凝聚臺灣精英的知識分子，推動新式知識與傳統文化的普及，積極推廣讀報社、演講會和藝文活動、電影話劇等啓迪民智的新式活動。

在〈臺灣文化協會趣意書〉是這樣敍寫的：「組織臺灣文化協會，謀臺灣文化之向上。」此時的蔣渭水心底是清楚的：賺再多的錢，交再多的朋友，沒有臺灣魂，他還是一個沒有臺灣文化價值的人。能與一群有理想的朋友倡議改造臺灣的文化，讓臺灣文化順應潮流地登上世界潮流的舞臺，這是寫歷史的時刻，他絕不缺席。這個時期，他也認眞思索：臺灣文化的眞正走向爲何？一如《剛剛好，的生活》（*Enough*）作者約翰．納許（John Naish）提到的：「收入和地位的確可以帶來滿足，但只能提升到某個程度，生活怎麼安排才是核心所在。」我們爲什麼要這樣工作？這樣生活？蔣渭水決定要聽從內在的聲音，將其行醫、經商所得，全數投入在拯救臺灣民族魂的心靈工程。蔣渭水矢志站在第一線對抗強權，他TOP1的高人氣與親和力，讓參與者以他的行動馬首是瞻，當時許多的醫師、律師、教師、資本家等優秀菁英，都願意追隨且支持「臺灣文化協會」的文化啓蒙運動。同時，蔡培火在〈我島與我文〉一文中喊出：「臺灣是臺灣人的臺灣」、王受祿也在演講中提到：「臺灣是世界的臺灣」等熱血的口號，企圖來激起臺灣人的內在覺醒，堪爲臺灣文化的塑造師。

有光的所在就有蔣渭水

蔣渭水被稱爲臺灣有光的所在，這並非浪得虛名的。他所創辦的《臺灣民報》儼然成爲臺灣人民的發聲園地，《臺灣民報》定位明確，強調它是「臺灣人唯一之言論機關」，同時，辦報目標就在落實「啓發我島的文化，振起同胞的元氣，以謀臺灣的幸福」。就像蔡惠如在創刊號說的：「民報達民情，民權任你評。民心真未死，民族自增榮。」這段激勵人心的文字讓所有臺灣人邊看報，邊熱血沸騰起來，他們開始思考臺灣文化的真正模樣會是什麼輪廓與形象？當時，蔣渭水更以醫生的視角在《會報》第一號發表近乎虛構散文的〈臨床講義〉診斷書，企圖以振聾發聵的方式讓臺灣人記住臺灣島「文化匱缺」的問題，摘錄幾段文字如下：

既往症：幼年時（即鄭成功時代），身體頗為強壯，頭腦明晰，意志堅強，品行高尚，身手矯健。自入清朝，因受政策毒害，身體逐漸衰弱，意志薄弱，品行卑劣，節操低下。轉居日本帝國後，接受不完全的治療，稍見恢復，唯因慢性中毒達二百年之久，不易霍然而癒。

現症：道德頹廢，人心澆漓，物欲旺盛，精神生活貧瘠，風俗醜陋，迷信深固，頑迷不悟，枉顧衛生，智慧淺薄，不知永久大計，只圖眼前小利，墮落怠惰，腐敗、卑屈、怠慢、虛榮、寡廉鮮恥、四肢倦怠、惰氣滿滿，意氣消沉，了無生氣。

以上文字可看出蔣渭水思緒清晰地分條羅列殖民地臺灣正面臨的困境，並以淺顯易懂的醫學術語，清楚地點出臺灣島是「世界文化的低能兒」，原因是「智識的營養不良」，因爲臺灣罹患的病灶是慢性病，治療的期程要歷時長一些，他進一步積極提出其療法要以「原因療法」爲手段，就是所謂的「根治療法」。在文章中，蔣渭水斬釘截鐵地說：「若能調和上述各劑，連續服用，可於二十年內根治。」蔣醫師毫無懸念地替臺灣開出的處方爲：受正規學校教育（最大量）、要補習教育（最大量）、進幼兒園（最大量）、設圖書館（最大量）、讀報社（最大量）。

這份臺灣島病理診斷書，讓所有知識分子意識到臺灣思想改革刻不容緩。他憑其豐厚的醫學素養，以文化思想爲線索，有條不紊、簡潔有力地說明臺灣島完整的病歷紀錄，讓讀者看出臺灣目前重要的問題點，就是「知識營養不良」，他開出劑量最大的五大「處方」，其解決痛點的特效藥就是文化啓蒙運動。這份診療書其實就是蔣渭水爲臺灣構想的預想方案：民族啓蒙運動，它的提出更促發知識階級產生政治行動的共鳴。

〈臨床講義〉診斷書不只是第一份在形式上替臺灣社會改革進行開立的藥方，蔣渭水藥到病除的精準眼光，落實了卽知卽行民主實踐家的魄力與衝勁，他更是當時文化講座與讀報社的催生者。同時，他也開設第一家進口漢文新式書籍與日文勞農問題與殖民地運動書籍的書店，順勢大力地介紹新文化的思潮，他兢兢業業地經營，初衷絕非賺錢，而是以提升臺灣集體共好意識的思想爲出發，他宣揚的不只是愛臺口號而已，他身先士卒、一馬當先地走在提升臺灣人民的基礎教育上，並亟欲在最短的時間提升民衆的智識水平，爲他們植入臺灣意識的重要舵手。同時，他運用社交紅利串聯更多的有志之士，投注心力於人民知識翻轉和文化工程，並將西方的新知潮風，盡速擴及到爲臺灣各階層，爲人民爭取更公平自由的生存環境，與大家胼手胝足地尋回「民族自決」和「階級革命」的自覺力！

生命的紅玫瑰白玫瑰

張愛玲〈紅玫瑰與白玫瑰〉有句名言：「娶了紅玫瑰，紅的變了牆上的一抹蚊子血，白的還是『床前明月光』；娶了白玫瑰，白的便是衣服上沾的一粒飯黏子，紅的卻是心口上一顆硃砂痣。」蔣渭水有一位溫馴文靜的白玫瑰石有，也有一位柔艷熱情的紅玫瑰陳甜。他和家中童養媳石有是媒妁成婚，二十一歲時兩人結髮爲夫妻，石有是四德[2]兼具的好妻子，兩人育有松輝、松銘、時欽、時英四子，賢慧的石有「以夫

2 四德指的是：德、言、工、貌。

爲天」的初心，從未猶疑。她的兄長石煥長、石進源、石秀源亦是蔣渭水政治運動的重要夥伴。於此，蔣渭水對石有懷著感激與敬重之心，在他心中石有絕對是宜家宜室的賢內助，猶如一朵純白的玫瑰，在蔣渭水的人生綻放絕然的芳馨。就像小說《藍與黑》提及：「一個人，一生只戀愛一次，是幸福的。不幸，我剛剛比一次多了一次。」陳甜像艷麗熱熾的紅玫瑰，當他們驚覺觸及禁忌的愛時，卻已愛得熱烈，兩人再也無法回到社會期待的家庭框架，但，他們也得經歷極嚴峻社會眼光的考驗。畢竟，在家相夫教子的石有面對晴天霹靂的情感驟變，必然是傷心欲絕的。但善良的石有給出最大的空間，他以睿智的愛，讓蔣渭水在感情的世界能更自由地做自己，即便她委屈也求全，但愛情常常是愛了就是離不開的、放不下的一輩子相隨。就像《淚之女王》說的：「我不知道你認爲的愛是什麼，不過我認爲的愛不是一起享受好東西，說些甜言蜜語，而是一起忍受。」蔣渭水擁有一位賢內助石有願意眞心地陪伴他苦過、熬過，石有才是他不凡人生中，一輩子相知同行的白月光呀！

一九二一年蔣渭水全心投入政治改革運動，石有的兄弟們陪著他走遍臺灣各角落，倡議與文化啓蒙相關的活動，蔣渭水不言悔的淑世理想，因爲有了蔣家兄弟全力地支持，以及石有家族全員奧援，蔣渭水舉重若輕地扛起臺灣民主的招牌。臺灣文化協會有著無數跟著蔣渭水打拚的兄弟們，他們服膺蔣渭水的重情重義，蔣渭水談起民主自由有勇無懼，社會運動蔣家人伴著，蔣渭水更是「拋頭顱、灑熱血」無懼生死。蔣渭水之所以能號召一群知識菁英和他振臂疾呼，是因爲走到庶民百姓身邊，牽起百姓的雙手，爲了更好的臺灣生活而站在一起。當他願意把醫院的所有盈餘用罄於臺灣民族自救運動與文化運動時，他求的不是自己的功成名就，而是讓臺灣走上眞正的民主之路。

蔣渭水提議增設學校的理念，和友人開辦一場又一場的讀報社、夏季學校，也舉辦各種講習會和新式演講，以此啓迪民智，喚醒臺灣的民族意識。其中最特別的是，他們自主組織電影巡迴放映隊——美臺團。日治時代的電影還是「有景無聲」的「默片」階段，影片放映時常是整場鴉雀無聲的。因此，美臺團積極訓練優秀的辯士，讓每次下鄉巡迴放映電影時，都有年輕志士從旁解說影片的劇情內容，強化文化活動的趣味性，也趁機「過渡」新式思想的啓蒙，同時，增進臺灣文化的價值溝通，自然地加入臺灣文化的元素。

當年，只要美臺團一出現，民眾都趨之若鶩、萬人空巷。每次播放完總是迴響熱烈，這種寓教於樂的做法，讓文化思想的改造更直接、輕鬆。民眾從觀影拓展新知，開啓智識，許多劇中傳達孝道母愛的情感，愛鄉愛土的情懷，在在都開啓臺灣「公民覺醒」的新時代。當時，美臺團的催生者蔡培火，還爲其創作一首團歌：「美臺團，愛臺灣，愛伊風好日也好，愛伊百姓品格高。長青島，美麗村，海闊山又昂，大家請認真，生活著美滿。美臺團，愛臺灣，愛伊水稻雙冬割，愛伊百姓攏快活。長青島，美麗村，海闊山又昂，大家請認真，生活就美滿。美臺團，愛臺灣，愛伊花木透年開，愛伊百姓過日美。長青島，美麗村，海闊山又昂，大家請認真，生活著美滿。」每次電影開演前，團員都會領唱團歌，最後，觀眾聽熟之後，也跟著團員一起合唱，相互支持的情感瀰漫現場，畫面也溫馨感人。後來，蔣渭水透過一場場電影與辯士合框的下鄉巡迴，讓人民在耳濡目染之下，快速地傳播知識，讓觀者不只能增廣見聞，民族理念也深植民心。

臺灣需要民主與自由，臺灣需要公平與正義，蔣渭水從來不會在這個舞臺缺席。他總是第一時間就站出來鼓舞民心、啓迪民智，高舉臺灣意識的旗幟。美臺團以娛樂的形式讓臺灣人民親炙思想新潮，用創意即時連結世界新觀念的脈動，他站出來是因爲嚮往和平不流血的自由改革，因而引領一場又一場的新文化運動。蔣渭水自願扛起抵抗威權體制的招牌，更是致力社會階級平等，讓衆人皆幸福的思想革命者。

以文字排遣牢獄時光

一九二三年十二月十六日，總督府以違反《治安警察法》，針對「臺灣議會期成同盟會」的成員展開大規模搜查與拘補。其中包括蔣渭水在內等十三名幹部都被羅織罪名而判刑。蔣渭水因「治警事件」被捕羈入獄，個性詼諧的他，並沒有被風聲鶴唳的逮捕行動震懾住，還模擬蘇軾名作〈赤壁賦〉，以〈入獄賦〉爲名，細膩地描寫自己在監牢，和虛擬的蚊子對話的經過：「癸亥之冬，臘月既望，蔣子與妻同衾臥於木榻之上。刑事急來，大叫不休。舉身跳起，攜洗面之巾，開隔房之門。少焉，警吏登於樓上，徘徊於各房之間；白刃懸腰，劍光閃研。任一警之所牽，到監獄之門前。蕩蕩乎入於囚房，如和尚之坐禪；寂寂乎如遺世獨立，脫化而成仙。」他把自己入獄過程以及遭受殖民政府壓迫、剝削的蠻橫對待，透過蚊聲與洞簫聲的反向比喻，讓讀者讀來頗能同理處境，尤以衝突性的描繪更顯生動。一如大谷翔平說過：「人生不會創造夢想，是夢想創造人生。」蔣渭水身爲人權鬥士，有其革命救世的善心與救國的慈念，也有醫者「義診社會」的開放熱忱與浪漫情懷，即便身處鬱悶的狹小監獄，從未有懼，即便最後因政治請願而被拘禁十餘次，卻也從不膽怯，總是堅持挑戰困難的事，就是蔣渭水不停戰鬥向前的原因。

漢文底子深厚，文采富麗的蔣渭水，後改以針砭之筆批評時政，在文壇掀起蔣渭水式的抗議文學新風潮。他的文章不只文句詞藻華麗、筆暢墨酣，還時時寓譏諷於其中。在牢獄時光所創作的文字，常暗指田健治郎、內田嘉吉（前、後任臺灣總督）的跋扈與愚聵。同時，雖是牢獄書寫，卻犀利地強調自己昂然不屈的鬥志，蘊含反殖民、反壓迫不卑不亢的抗爭精神，其他創作如〈快入來辭〉、〈入獄日記〉、〈獄中隨筆〉、〈北署遊記〉等作品，悠然開啓知識分子遭囚禁的憤慨之情，也反映其對自由的渴望。蔣渭水的文學作品同步揭開臺灣文學關於人權、牢獄書寫的新扉頁。當時，被身陷囹圄的蔣渭水，沒有悽惶無助的怯懦，仍勇敢地執筆屬文，不忘表達對國、對家、對民眾福祉的心心念念，作品讀來，句句動人至深。每篇文章猶如人生的每次「戰役」的記錄與自省，他爲臺灣民主運動留下極致完美的身影。

渭水式思考——當農工者的太陽

一九二〇年代，全世界鼓吹提倡民族獨立、民主自決等思潮影響，蔣渭水作爲文化啓蒙的風雲人物，不只活在當下，內心堅定富足，也從不貪戀權力職位，因而讓他進退自如，總把最好的位置留給身邊的朋友。他的思考與時俱進，追求和平的改革，一如《孟子．離婁下》提及的：「人有不為也，而後可以有為。」蔣渭水是開啓農工運動的發軔，也是臺灣工友總聯盟的產婆，他追求的是SDG8指標促進包容且永續的經濟成長，讓每個人都有一份好工作的理想，因而，心思細密的他推動具前瞻性的勞工福利政策，不只介入勞資爭議，以創造合宜的就業機會爲己任，更積極爲產業勞動者謀取福利及改善其生活，籌組日治時期臺灣的第一個全島性工人運動組織。

一九二八年臺灣工友總聯盟成立當天掛上「同胞須團結，團結眞有力」的標語。他企圖透過一次次的工運，重啓臺灣社會階級的公義與秩序，讓臺灣弱勢族群不再被剝削與壓迫，不斷地聚合勞工集體的共識，讓全島有志人士齊心同行。一如日劇《王牌大律師》古美門說的：「多數派自然地被認爲是正義，意見相反就會被排擠，而欺凌的本質就是當下的氣氛。」身爲臺灣工運的先行者，他要的眞正正義是爲少數人發聲，替底層人民謀福利。

蔣渭水魅力式的領導，讓工運組織堅實地推展，在全臺遍地開花的民主活動，開始挑戰了日本殖民的權威性，也使其心生忌憚而開始展開報復行動。最讓蔣渭水氣憤的是，他創立的「臺灣民衆黨」竟於一九三一年強遭總督府日警取締，甚至強制解散。日本軍國主義跋扈囂張的行徑，加上蔣渭水受傷寒的侵襲，如此內外交相迫的煎熬，讓他因病而驟逝。

這個晴天霹靂的噩耗不只讓所有支持者無法置信，連聞訊者也悲痛莫名。後來，同志決定在臺北大稻埕爲蔣渭水舉行「大衆葬」，當時，大稻埕的所有商家不只休市難過哀悼，沿途追悼的民衆也超過五千人，這股全民如喪考妣的深切悲傷，看出臺灣人民對「蔣渭水」人生象徵的勇者徽章，有著由衷地敬仰。作家金惟純在《人生只有一件事》曾說過：「人生只有一件事，就是修煉自己，把自己活好。」蔣渭水在臺灣近代民族運動史上，扮演承先啓後的關鍵角色，不只影響到未來臺灣醫界對投入社會運動的參與度，也是日本殖民時期，臺灣社會運動的重要推手。蔣渭水活出臺灣人民不畏強權、不願妥協的鮮明形象，其不屈不撓的抵抗行動，也成爲臺灣人民集體光榮的記憶。當蔣渭水下定決心要爲臺灣做什麼的當下，就替臺灣開創出一條朝向光明、前仆後繼的民主路，讓我們可以遵循而行，也讓臺灣人都記住了：臺灣最有底氣的人叫做「蔣渭水」。

蔣渭水

一八九一年生，字雪谷，宜蘭縣人，曾創立臺灣文化協會、《臺灣民報》、臺灣民眾黨與臺灣工友總聯盟，對臺灣智識啟蒙有著深遠的影響。

蔣渭水在醫學校時，未有一日忘卻啟發臺灣民智，不論在學校內或在故鄉均苦心設立讀報社，購買各地報紙，公開供人自由閱讀，為後續創立《臺灣民報》立下基石。因思想較為激進，故蔣渭水此生被日本警察署拘捕十餘次，正式入獄兩次。稍微左傾的意識形態，使其創立臺灣工友總聯盟，實行農工運動、社會運動，被總督府當局視為臺灣政治社會運動的「第一指導者」，認為他「煽動民族反感」，是警察署的另類「座上客」。

他一生致力於推展民眾文化提升，成為一九二〇年代臺灣啟蒙運動之濫觴，更是二十世紀臺灣「本土文化」與「世界文明」接軌的先行者。

SDG8

促進包容且永續的經濟成長，讓每個人都有一份好工作

8 DECENT WORK AND ECONOMIC GROWTH

位在南投縣竹山「天空的院子」，民宿創設主人是被稱為「文創過動兒」的何培鈞。從他發現一座張氏家族破落的老宅開始，到與建築師的表哥古孟偉兩人共同努力，將一座破落的三合院變成一座民宿的夢想之城，汗淚交雜的點滴過程被寫入《有種生活風格，叫小鎮：天空的院子，翻轉地方的夢想、信念、價值》裡。母親在草創時期告訴何培鈞：「如果人生過程中，找到了自己前進的路，記得，要勇敢堅持，一步一腳印走下去，媽媽會盡全力支持你們。」這段話激勵了他向前的動力。而何培鈞為了改變在地居民，建構了「小

鎮未來行動平臺」，他與在地人打拚，讓外界的人進到本地，讓竹山小鎮恢復元氣，他希望集結眾人之力，成為翻轉地方的契機。

根據聯合國的統計，沒有工作、沒有接受教育和培訓的青年，從二〇〇五年的緩慢起色，到二〇一九年的全球仍逾五分之一青年面臨這個難題。《食力 foodNEXT》二〇二二年的報導指出，美國加州這個問題也很嚴重，在非營利教育組織工作的 Sabrina Mutukisna 與 Google 前副主廚 Sevilla，於二〇一四年創辦了 The Town Kitchen，用食物連結高風險青少年，除了手把手指導弱勢青少年製作餐點，他們也高薪雇用弱勢青少年替企業製作午餐餐點，讓這些原本人生陷入泥沼的青少年，找回對生活的熱情、以及對自己的信心，藉此終結弱勢循環。據二〇一七年的美國媒體報導，在 The Town Kitchen 工作的員工已有九成後來都能進入大學校園就學。

不管是臺灣的「小鎮未來行動平臺」或者美國的 The Town Kitchen，他們都實踐了 SDG8 中的「尊嚴就業與經濟發展」細項指標：「大幅減少失業、失學或未受任何培訓的青年比例」。

臺灣人民的光明榮耀

賴和

一八九四年清、日因朝鮮主權問題而爆發甲午戰爭。這年恰好也是賴和的出生年。清廷一八九五年四月十七日與日本簽訂《馬關條約》，臺灣割讓給日本。日本人表面上提出將「日本化」視爲臺灣的「現代化」，實則剝奪臺人原有的資源，在不公平的社會階級下，臺灣人無論是在教育、工作、社會上都備受歧視和壓迫，臺灣只是日本躋身新帝國主義國家的過程中，提供資源、物產及勞力的殖民地，形成「臺灣人勞動，日本人享受」的現象。

賴和在短短近五十年的人生歲月，歷經臺人從武裝抗日到皇民化的歷程，也大約是臺灣被殖民的五十年歲月。他親眼目睹日治時期臺灣人民不只要面對橫徵暴斂、重稅剝削的壓迫，甚至，人民沒有該有的選舉權和被選舉權，這也意味著臺灣人民無法參與政治活動，爲自身爭取權利，也無法替弱勢階級發聲。一九二〇年代賴和、林獻堂、蔣渭水、蔡培火等知識分子，以合法、非武力的方式向日本政府爭取權益，「臺灣新文化運動」的浪潮席捲而起，臺灣意識逐漸被喚醒：臺灣人開始找尋自我的認同感，拒絕接受任何形式的殖民洗腦，希望撕下「文明日本，落後臺灣」的標籤。

日治時期的臺灣，社會階級不平等、貧富不均，臺灣知識分子從未被平等地對待過，即便是臺灣新文學之父賴和，也深深體會自尊被踐踏、找不到安身立命的悲屈。但，他在人生的十字路口，並沒有被生命的苦難擊倒，他透過書寫確立自己要成爲「怎麼樣」的臺灣人。同時，也沒有放棄以文字喚醒人民爲自由平等而戰鬥的機會。基於知識分子的良心，他的作品在喚起全民爲自由而奮起，他的願許是：總有一天，民主自由平等的花朵，終究會在臺灣的土地上燦爛綻放，每個臺灣人也能撫平生命皺摺，擺脫貧窮、階級的不平，驕傲有尊嚴地活著。

因為有黑暗才能邂逅曙光

賴和（一八九四～一九四三）出生彰化，號懶雲，一名賴河，筆名有甫三、安都生、灰、走街仔先等。賴和的出身並非顯貴家族，祖父賴知以「弄鈸」的技藝為生，刻苦自勵、購置田產，養活自己和下兩代人。賴和的父親賴天送則以「道士」爲業，他們因職業的關係，接觸到許多弱勢階級，觀察到和電影《寄生上流》相似的沉重心情：「窮人的宿命常是悲劇一場，擺脫不了的階級枷鎖，跨不過的人權界線。」祖父與父親藉由民間宗教的儀式，爲受苦卻無力翻轉命運的人們，進行內心的關懷與照護。賴和與生俱來的人道情懷就在溫暖的家庭氛圍中被培養起來。但是，他們終是明晰：實質的公平正義也得要依靠外在的改革才有機會掙得。同時，賴家人深知教育對階級改造的重要，因而，不只爲其選擇良好的學習環境，還悉心地打造賴和德智體群美的才能，仿效古時孟母三遷的精神打造賴和的學習基石。

一九〇三年，不到十歲的賴和走進浩瀚的知識世界，就讀的是「漢學仔」（私塾），接著，再進入彰化第一公學校，學習日語、接受日本新式教育。一九〇七年在小逸堂拜黃倬其爲師，奠定厚實的漢文讀寫基礎。這段天眞爛漫的學習時光，恩師黃倬其（黃漢）溫文儒雅、博學謙和的文人形象，深植賴和的心扉，讓他得以沒有壓力地悠遊於文學之中，享受一段快樂自由又求知若渴的時光。在其手稿〈小逸堂記〉中提到：「夫子動於誠意，遂就焉。一時聞者亦競遣子弟從學。因夫子教導有方，我等同人皆甚契洽，遂成一系無形之統。」在漢文與日文教育雙管齊下的培養下，認眞聰穎的賴和在不負衆望之下，於一九〇九年考進臺灣總督府醫學校（今國立臺灣大學醫學院前身）。

當時的賴和渾身都像自帶光芒的恆星人，散發熠熠閃耀的燦光，他被歸類爲臺籍知識分子金字塔的頂端（菁英），同時，賴和也以勤勉向學的態度完成臺灣總督府醫學校的學業。他憑藉知識、醫術讓自己活成一道光，用勇敢、善良奮鬥戰勝時代的黑暗，他始終相信：因爲身處黑暗，才能尋找「爲何而活」的曙光，爲臺灣人拚搏的信念，必能迎接臺灣下一個光明的到來。

尋找臺版的感動地圖

賴和在臺灣總督府醫學校就讀時，認識了莫逆之交翁俊明、杜聰明。杜聰明是於一九一二年陪伴賴和展開「認識母土」、「尋找臺灣精神」而壯遊的重要旅伴。而翁俊明日後與王趙培組織了復元會，他們彰顯當代醫師「恢復病人健康」懸壺濟世的理念，也隱含年輕知識分子對「光復臺灣」的底層邏輯，他們與賴和理念相同，都希望臺灣未來會更好。

賴和與杜聰明的青春遠征，是一趟尋找「我是誰」的旅行，所謂「人不輕狂枉少年」，兩人懷抱著浪漫的情懷出發了，感受著「只想今天，不用煩惱明天」的盡情探索。這趟憑藉膽識去冒險的初衷，更是兩人視爲自己「轉大人」的成年儀式。他們從臺北出發，歷經兩百多公里的旅程，賴和留下三十餘首漢詩，作爲行旅既驚險又驚喜的歲月禮物和心情註腳。賴和透過每個足踏，重新評估、自我反思：我們爲何要這樣生活？要這樣工作？每個足踏烙下仁慈、勇氣、智慧的內在力量，也成爲他們日後關懷鄉土、爲弱勢發言的智慧積累。這段旅程彷若是思想啓蒙的前哨站，以夢想與愛來織錦兩位年輕知識分子的未來人生。這條「如何回家」的歸途像極了切．格拉瓦（Ernesto Rafael Guevara de la Serna）《革命前夕的摩托車日記》（*Diarios de motocicleta*）的精神。兩位春風少年兄，不只風塵僕僕的日日健行、夜夜思索，他們望見許多臺灣故鄉的美善風景，也窺見社會底層的人民正承受被壓迫與被漠視的痛苦經歷。

返鄉的尋夢地圖是一趟放慢速度的移動，透過空間的漸漸轉移，沉澱前塵、重新檢視自己。這趟年輕人的「壯遊」（Grand Tour），一如賴和詩作〈遊伴〉提到的：「思向風塵試筋力，火車不坐自徒行。吃苦本來愚者少，相隨難得有聰明。」詩句點出他們第一天的足跡是從新店溪渡河爲始，行經三角湧（三峽）、大嵙崁（大溪）、鹹菜甕（關西），兩人行腳的時光，找尋到未知的自己，也遇見眞實的自我。當賴和沉痛地自問：「我本客屬人，鄉言更自忘，戚然傷懷抱，數典愧祖宗。」賴和自剖自己爲何失去說客家母語的能力？接著，每走過一個景點，就透過文字連結「行走、反省、學習」等循環，讓旅程中最珍貴的所見、所感與所思得以保存。脫離日常的規律性，了解母土眞實的面貌，人民生活的眞相，賴和發現讀萬卷書還得行萬里路。例如，當他翻山越嶺經樹杞林（竹東）、北埔，意外地聽聞富人姜百萬廣施錢財造路鋪橋的故事，以及北埔事件客家人蔡清琳手持書寫「安民」、「忠義」、「復中興總裁」等旌旗，無畏地攻打日人北埔支廳，這段可歌可泣的歷史事件讓他感動莫名，幡然而起熱烈的民族意識，同時，也以文字撕心裂肺地寫下「唱亂居然第一聲，憐他膽大又年輕」的悲慟心情。

臺人的武裝抗日，壯烈犧牲的起事悲劇，觸動賴和內心對殖民社會帶給臺灣人民的，到底是幸與不幸的兩難思辨？每次的反思在他心湖泛起的漣漪就越來越擴散，答案也越來越清楚。當然，每趟旅行都有個美麗的意外，五日的行走，第三天的返鄉里程竟留下「0」進展的故事。這個起因是途中遇到頭份阿三哥的盛情款待，讓他有了不得不留下的理由：「不悟才人作伴行，每疑到處受歡迎。阿三哥更殷懃甚，遲我前途一日程。」這趟旅程讓賴和感受到臺灣人情的溫暖，同時也讓他明白：知識分子背負在肩上的眞正使命，就是讓這塊土地變得更平權、更公平，以及社會運動對臺灣土地眞正的重要性。

臺版機智醫生的另類日常

若說韓劇《機智醫生生活》是以醫生挽救病者生命盡力奮鬥的溫馨故事，那麼賴和的生命所展現的則是日治時期臺灣機智醫師爲人民拚搏的醫者人生。大正三年（一九一四）賴和在嘉義醫院行醫，第一份工作帶來的不是內在的豐盈，反是屢屢遭逢挫折，有志難伸的情緒，說起來是頗爲抑鬱的行醫之路。在嘉義醫院服務期間，初始，他懷抱熱情全然投入醫院工作，很快地就感受到職場的「霸凌」，他無法因爲努力而被看重，未來，也不會因爲才能而被賞識，他的出身注定了他矮人一等，低人一階的命運，再怎麼表現也卸不掉「臺籍」醫師的身分標記。

臺日的階級差距，讓臺灣人無論從事任何職業都被打壓。例如在醫院，上層管理者皆由日本人獨占，能爲組織做出重要決策的也是日籍高層。臺籍醫師充其量只能擔任筆生（抄寫員）和通譯（翻譯）的工作，這樣百無聊賴的醫師生活，讓賴和過到開始懷疑人生。因而，在其自傳性小說〈阿四〉提到：「阿四的自尊心，給這番訓話破壞到無餘了，醫院簡直不承認我們是一個完全的醫生。唉！這樣的侮辱，阿四想，就要厭憎嗎？不能向他抗議一聲嗎？結果不能，別人皆表示著十分的滿足。」大正六年（一九一七），賴和不願受制於人，毅然決然地決定辭職。先回故鄉開設「賴和醫院」，但是夢想總是很豐腴，現實卻是很骨感。開業後的賴和遭受到更多環境帶來的不公不義，連平靜的心靈也常受到現實的「凌遲」，特別是當時法規與規則的箝制，多不可數，一如〈阿四〉提到：「誰想開業以後，不自由反覺更多，什麼醫師法、藥品取締規則、傳染病法規、阿片取締規則、度量衡規則，處處都有法律的干涉，時時要和警吏周旋。他覺得他的身邊不時有法律的眼睛在注視他，有法律的繩索要捕獲他，他不平極了，什麼人們的自由？竟被這無有意義的文字所剝奪呢？但是他空曉得不平，只想不出解脫的方法來。」無人可說，無處可平反的生活，他也得靠自己的力量去拚出一條活路來。

更雪上加霜的是，甫出生不久的愛兒竟驟然離世。命運似乎不斷挑戰他的忍受極限，時不時就與他來場直球對決。一如《黑暗榮耀》提到：「想抹去傷疤，就得用更深的傷口蓋過去，那個傷口就由我來製造。」因此，他擦乾眼淚，決定在一九一八年元宵節前往對岸廈門，轉職到鼓浪嶼的博愛醫院擔任醫員。沒想到，他抵達廈門任職後，竟又對自己的選擇再度失望了。他看見的不是一個強國該有的春暖花開，而是人民吸食鴉片委靡不振的「失格」畫面。他在其詩作〈於同安見有結帳幕於市上為人注射瑪琲者趨之者更不斷〉寫道：「人病猶可醫，國病不可醫。國病資仁人，施濟起垂危。今無醫國手，坐視罹瘡痍。禹域四百川，鴉片實離離。」賴和詩句中流露出對人們吸食鴉片的憂慮與失望的心情，這不是他要飄洋過海想看到的太平盛世，一個泱泱大國給他的不是富盛之景，而是滿溢委靡頹敗的挫敗氛圍。此刻的賴和只能孤獨地在心底吶喊：「我的命運只能靠自己來救贖。」臺版機智醫生的另類日常，將由賴和大刀闊斧來進行不同於平日的大翻轉。

終結貧窮大作戰！

一九一九年賴和從博愛醫院退職歸臺，在職場探索繞了一大圈，他決心擺脫「生來不幸為俘囚」的感嘆。在最黑暗的時刻，賴和想起了祖父與父親的身影。他們「弄鈸」與「道士」的工作，讓賴和深刻同理孤苦無依者的無可奈何。而祖父與父親透過神祇的力量，給予他們心靈的慰安，祈求者大多能找到重新啓航的力量。賴和無論行醫或寫作，他的命運是和百姓相連在一起的，他能感民所感、苦民所苦，所以，他的工作是爲貧者、弱勢服務，他的文字爲被壓迫的人民「說話」，不只要寫出自己的同情，也要提出自己眞實的心聲與「無聲的」抗議。

同時，賴和重新正視自己臺灣人的身分，原來，從你出生那天就注定你人生站在一個比「別人」（日人）低的起點。別人給的不公平，最後你得靠實力自己討回來，臺灣的命運還要靠自己去改寫。自此，他看見遠方的終點，走出人生的迷霧，窺見生命的曙光，原來，內心的傷還是得靠自己去撫慰，生命的缺憾還是得靠自己去填滿，「我是誰」的招牌還是得靠自己擦亮它，身爲醫者的社會責任不只是醫這個人的病，還要醫這個人的心，最後才有機會能醫治這個國家。

同時，在自己家鄉開業的賴和，展開爲散赤人（sàn-tshiah-lâng，窮人）與貧農醫病看診的歲月，面對窮到拿不出診費的病患，賴和會用借據的方式來稀釋上對下的

「尷尬」，他讓病者保有雙方皆平等的尊嚴——我不是同情你，我們是對等關係，你付錢、我診療。不要存有愧歉之心，你只是先賒帳，不是因爲被我同情才免費看診。這份對人性尊嚴無微不至的關照，是他給予貧者的極致溫暖。每年年末，賴和還會燒掉借據，讓散赤人不會陷入「欠錢不欠過年」的魔咒，彷彿是現代升級版的馮諼買義，讓貧農、窮者都不會「欠錢過年」。《機智醫生生活》說過：「面對病痛，我們都是馬拉松選手，不能輕易認輸，一定要保持正向。」他始終攜著正義的光，和民間產生無違和的「一體感」。因此，受其如光照拂的窮苦百姓稱他爲「彰化媽祖」。賴和就像散赤人救苦救難的現世媽祖，以慈母的形象護守當地人民、庇佑臺灣百姓。最重要的是，他總在別人的需要上，給出實質的支持，讓氣餒的人找到前進的勇氣。

文字是公義的追尋

賴和早期作品多以漢詩爲主，著作質量皆豐碩，曾參加《臺灣日日新報》的徵詩活動，作品〈早梅〉被評爲「甲六名」，躍居當時臺灣文學界的耀眼新秀。我們從賴和在一九二五年發表第一篇白話散文〈無題〉與第一首新詩〈覺悟下的犧牲（寄二林的同志）〉來探究，你會發覺——他擅長把創作和關注的社會運動結合在一起：「覺悟下的犧牲，覺悟地提供了犧牲，唉！這是多麼難能！牠們誠實的接受，使這不用酬報的犧牲，轉得有多大的光榮！」、「弱者的哀求，所得到的賞賜，只是橫逆、摧殘、壓迫。弱者的勞力，所得到的報酬，就是嘲笑、謫罵、詰責。」這首詩的內容寫的是當時鬧得沸沸揚揚的「二林事件」。當地蔗農因長期受林本源製糖株式會社的壓榨、剝削，在忍無可忍的情況下，轉爲反抗日警、資本家的衝突事件。賴和以「覺悟」與「犧牲」直指弱者以生命換取發言的權利，農民的覺醒是用血祭換來的，這是多麼諷刺又悲痛的暗指。一如《百年孤寂》（*Cien años de soledad*）的作者馬奎斯（Gabriel García Márquez）說的：「生命不只是一個人活過的歲月而已，而是他用什麼方法記住它，又如何將它訴說出來。」賴和的作品自此不是爲自己的心情而寫，他開始爲關心底層人民的處境，並以悲憤與抗議的筆鋒爲正受壓迫的人民而寫。

五四運動、新文學運動讓知識分子揚棄舊思維的窠臼與羈絆，賴和受其文潮的影響，文字是重要的「發聲」渠道，他必須以文字和人民站在同一陣線。一九二〇年代臺灣新文學運動在臺灣文化思想的啓蒙下，文學創作開始出現反抗強權、追求平等、人性解放、社會平權等作品。賴和在一九二一年積極參與臺灣文化協會成立的籌備、推廣與宣講活動。之後，他也加入《臺灣民報》文藝欄的編輯工作，文字就是抵抗強權、反殖民精神、重視本土意識的最佳發言利器。因此，白天以醫術搶救生命，晚上以文學救治靈魂，他的作品具有獨特的韻味，不只融合漢文和福佬話，也蘊含啓蒙臺人民族意識的創作動機。他期許自己的作品成爲正義與公理的代言，讓人民正視階級的失衡，勇敢地爭取自己的人權，他的文字帶給我們思辨與行動的內在召喚。

前進才有光亮的文學家

若說文學可以反映社會現實，賴和的文學之筆更聚焦在被奴役的臺灣人民及底層的弱者，讓筆下人物爲民間疾苦大力發聲。他不只是臺灣新文學的健將，更被譽爲「臺灣新文學之父」。賴和同情弱者，是本性的自然流露，一如免費爲貧民治病，一如提攜年輕作家楊逵、王詩琅，他做事的初衷都是對人純潔無私的關愛與溫柔同理的慈悲。

他的作品題材多元，十餘年間創作了包括小說、新詩等共四十二篇，新詩創作在大正十四年（一九二五）「二林事件」發生後，十二月發表第一首新詩〈覺悟下的犧牲（寄二林的同志）〉，評論者陳倩說：「賴和詩還原日治時期民衆生活樣態，文本技巧多採寫實與白描等手法，語言質樸而明朗。」小說創作則是從一九二六年初發表的第一篇小說〈鬥鬧熱〉到最後一篇一九三五年十二月發表的〈一個同志的批信〉，篇篇精采，也是他歷時十餘年之久的題材。以〈鬥鬧熱〉爲例，賴和將民間習俗和殖民地人民苦難作爲創作的兩大元素，揭露臺灣漢人封建社會，日益嚴重的現況——佃農生活的困苦與仕紳階級的腐敗。

再從反帝國反殖民的小說〈一桿稱子〉來探究，它講述十九世紀末、二十世紀初的日治時期，臺灣正從佃租農業轉型爲資本主義社會。小說主角是身爲佃農後代的秦得參，在無地可租的情形下，轉而從事菜農生意。之後，因巡警索賄不成，秦得參賴以爲生的「稱仔」遭折斷毀損，並以違反度量衡制度被定罪。秦得參遭逢種種羞辱，悲哀情緒由衷而生，最終選擇與巡警同歸於盡。賴和在小說後記毫不諱言指出：「這一幕悲劇，看過好久，每欲描寫出來，但一經回憶，總被悲哀填滿了腦袋，不能著筆……凡強權行使的地上，總會發生，遂不顧文字的陋劣，就寫出和文家批判。」文字的強大在於看似批判的筆觸，實是對無產階級的悲憫，賴和藉由書寫對殖民、封建做出個人強烈的批判與反抗。

楊守愚說賴和是「臺灣新文藝園地的開墾者」、「臺灣小說界的褓母」，這也說明賴和「爲誰而寫」的初衷。他以作品當作社會良心的所在，〈一桿稱子〉點燃文學之火，也揭開賴和爲正義而戰，這是「捨我其誰」、「雖千萬人吾往矣」的決心。稱仔是公平、公正、公道的象徵，卻成了永遠要不到的現實；巡警的憑權貪婪，毫不掩飾的粗暴、欺罔，最後惱羞成怒的強勢壓迫，稱仔無法凸顯它的正義公平，更是一種反殖民的深層嘲諷。文中秦得參（眞正慘）即便在現實被壓迫、受了「重傷」，最後卻以無畏的覺悟者姿態作結，看似壯烈犧牲，結局卻如巨雷般喚醒讀者的自覺性，撩撥內心幽微的民族意識。

身爲日治時期重要的文學家，賴和必須在黑暗的時刻，發揮道德勇氣，揭開日本帝國殖民統治的殘酷眞相。一如小說人物秦得參是殖民主義下底層的勞動者（善良菜農），現實無法拉他一把的悲哀，最終化成生無可戀的痛苦吶喊。殖民主義帶給人民尊嚴的剝奪，哀莫大於心死的絕望，賴和強悍的筆觸勾勒得既赤裸又寫實，原來，虛構的作品實是存在於現實的生活之中。弱者的犧牲喚起置身度外者的覺醒，若不團結反抗，處於不公不義體制的我們，將會有更大的災難接踵而至，就像〈前進〉提到的：「前進！向著那不知到著處的道上。」向前走，前方有光正在等著我們。

每讀必落淚的〈獄中日記〉

賴和一生曾兩次被捕入獄。那是他最黑暗的生命時期。猶如韓劇《黑暗榮耀》提及：「那是個既像永晝，又像永夜的夜晚，我已經不剩一絲尊嚴，是不能再荒蕪的廢墟。」

第一次發生在大正十二年（一九二三）十二月，賴和投入臺灣文化協會的活動，因「治警事件」第一次入獄。一九二一年賴和首次為「臺灣議會的設置」進行請願運動，期間，賴和受蔣渭水之邀擔任臺灣文化協會理事一職，他的民主之眼被打開了，自由的意識被撥動了，他積極投入不同形式與規模請願的社會運動。沒想到，一九二三年十二月十六日，許多臺籍的知識分子們陸續被以「違反治安警察條例」之罪名逮捕了。當時被逮捕的還有蔡培火、蔣渭水等知識分子。賴和被遭到強制逮捕，這次，他在監獄度過二十多天，於一九二四年一月七日獲不起訴處分出獄。出獄後，他寫下〈出獄歸家〉一詩：「舉目乾坤已盡非，此心想像卻全違。車聲過處人爭看，真似沙場戰勝歸。」[1]這篇詩作略帶諷刺地訴說：獄囚被釋放後，反常態地像英雄凱旋而

1 本詩引用自賴和文學專業研究團隊，參考賴和現存手稿、稿本、刊本，重新編校之《新編賴和全集．漢詩卷》，前衛出版社，二〇二一，頁五七一。

歸的矛盾心情。賴和自此失去了笑顏，他的生命滲入了苦澀的顏色，憂國憂民的責任心，讓他細膩的情感，更加壓抑、眉頭更加緊鎖了，若想看見文思與靈魂奔放的賴和，也只能從之後的作品中窺知一二。

昭和十六年（一九四一）十二月八月，日軍轟炸夏威夷，珍珠港事變這個影響國際情勢的重大事件，讓賴和的人生彷彿也和珍珠港一樣炸開了。他突遭日本憲兵及警務局傳喚，迅速地再度入獄，他對人生的信念瞬間崩塌了。這次的逮捕入獄是沒有預警的，是沒有理由的，甚至來得莫名其妙又讓人費疑猜。這次，賴和被關進彰化警察署留置場，入獄約五十日。在獄中的生活他寢食難安、痛苦不已，深陷囹圄的賴和，初始的驚恐畏怖讓他強大的意志力開始消沉下來，而後，以草紙連寫三十九天的〈獄中日記〉，將他處於殖民統治的心情，淋漓盡致地坦露出來，此刻的他不只無可奈何，更感覺到萬念俱灰與心情的沉重。

昭和十七年（一九四二）一月二十一日賴和因病重而出獄。〈獄中日記〉第一天提到：「此時，我覺得天皆昏黑，不知要說什麼，只求其打電話到家裡，叫人來牽自轉車回去……臥在地板上，似有虱在螫，癢更不能睡。一夜輾轉，數起便溺，到天微明，方似睡非睡，已聽到起床聲。」〈獄中日記〉第六天提到：「在此裡頭使我不敢想起什麼，但是墻外便是人家，常有家人歡笑聲，能刺我的愁腸。」

這次的牢獄人生，讓他深受打擊而身心俱疲。善感的靈魂在千萬愁緒的摧折下，臺灣的良心竟在一九四三年一月三十一日殞落了，此刻的賴和年約五十。

殖民地的悲歌賴和傳唱著，那一代人正承受的苦難歲月，因他的文字而能保存下來，不被歷史之潮所沖淡，甚至被世人遺忘。賴和的反抗精神強烈，永遠站在弱勢的一方，文學鬥士的姿態十分鮮明。一如〈吾人〉詩中：「世間未許權存在，勇士當為義鬥爭。」面對臺灣人的殖民處境我們不該怯懦，更要勇敢掙脫受壓迫的枷鎖。再從散文〈前進〉：「前進！盲目地前進！無目的地前進！自然忘記他們行程的遠近，只是前進。互相信賴、互相提攜，為著前進而前進。」在無光的世界，請記住腳下所踏的土地溫度，就讓我們齊心努力勇敢前進吧！

散赤人溫柔的守護者

八十年後的我們回望當年賴和的作品，他依舊是臺灣文學的引航者，為正義而寫，其屹立不搖的身影留給臺灣文壇一個美麗的驚嘆號。他執著地在最貧瘠的臺灣文學土地上，播下一顆顆民主自由思潮的種籽，並在日後綻放出令人驚艷的文學之花。一如陳萬益說的：「從賴和雜揉的語言、深邃的思想、耐人尋味的故事布局，我們不會忘記在時代進步的同時，更須追尋人們的幸福。」即便他不斷面對失望、挫折，但卻更加清楚臺灣人正面對著殘忍又真實的社會，他沒有氣餒的權利，只有為自己盡快轉換跑道的大徹大悟。

賴和受過漢學的薰染與新式教育的雙重啟迪，毫無懸念地選擇與勞苦的階級站在一起，他「放大」鄉下醫生的角色，實踐SDG1「在全世界消除一切形式的貧困」的思維，他看到日治時代受壓迫的臺灣人民，在殖民者的統治下沒有「很貧窮」，只有「更貧窮」的宿命。懸殊階級的差距，小人物在金錢誘惑與人性善惡中泅泳、掙扎，在階級壁壘的社會，人權注定被碾壓、生命注定被輕忽，林瑞明教授認為：「賴和是『出身民間回到民間』，因而，賴和筆下的主角們在難以流動的社會階層裡陷入人間修羅場，面對貧窮、面對不公不義，他們猶如沒退路的螻蟻，他們犧牲生命放手一搏，企圖敲醒反抗的響鐘。」

「貧窮議題」從古至今都是知識分子急欲解決的議題，賴和做出實際行動讓極端貧窮的散赤人醫病可以賒帳欠著，實際上是用醫者的溫柔給予他們健康的守護與支持，不但實踐SDG3確保健康的生活方式，也促進了各年齡人群的福祉的信念。當年，賴和永不放棄為貧民治療的心，靠著免費的醫術讓照不到醫療之光的角落，因他的存在瞬間有了痊癒的希望。他的診所猶如當時迫病貧民的「護民神院」。弱勢族群若能享有平等，並獲得自立的經濟權利，甚至是確保健康的權利，才是賴和成為醫者長久以來的心願。

當臺灣人民失去平等的依恃，有人連最基本的溫飽都變成一種奢求，甚至失去健康與生命，從賴和的〈一桿稱子〉讓我們發現：貧窮離我們如此接近，他的文學創作鍾情於百姓的苦、庶民的難。記得《機智醫生生活》中有句話說：「有時候不幸的事，也會發生在善良的人們身上。」命運就是以迅雷不及掩耳的速度，給你一個無法抵擋的生命重擊。但人性的堅韌在於人類即便賭上微小的機率，也要為自己的人生戰鬥的勇敢。

賴和關懷母土的文學種子如今在臺灣的土地上繁花盛開，當年，他以文字喚起時人熱愛鄉土、關懷社會的行動。醫身容易，醫心卻是恆久忍耐又恩慈的道路。賴和以自身行動終結當時臺灣有形、無形的內外貧窮，這就是臺灣新文學之父的社會良心。我想，賴和精神是每個知識分子內建在體內的人道情懷、俠義精神，一如賴和留給臺灣土地的守護，讓下一代人能仰著光前進。

賴和

一八九四年生，本名賴癸河，一名賴河，出生彰化，筆名有甫三、安都生、灰、走街仔先等。一生剛好橫跨日本殖民臺灣五十年，受到五四運動與其他傳入臺灣與中國的歐美思想等影響，致力於臺灣新文學運動、日本殖民統治的反對運動、臺灣社會風俗改革的倡議等社會運動。

他終其一生以醫術救治大眾，並積極投入臺灣新文學的創作，透過文學剖析臺灣被殖民的許多面向；一九三四年「臺灣文藝聯盟」創立時，賴和擔任中部的聯盟委員，其文學作品採「寫實主義」的手法，啟蒙、左翼、抵抗性、反殖民、本土——皆可從賴和的文學中窺見其身影，作品洋溢著民族情感與人道主義，因此被譽為「臺灣新文學之父」。

潮議題

SDG1

消除貧困

聯合國世界糧食計畫署（World Food Programme，WFP）組織於一九六一年成立，它的主要目的在於人道救援，首要工作之一是確保世人的健康而不致於飢餓。WFP每年供應一百五十億份食物給五十個國家的大約兩千萬飢餓學童食用，二〇一九年甚至達到八十八個國家、接近一億人口數糧食救援。WFP也提出改善與解決「零飢餓」的方法，包括從社會保障、拓展產地到市場通路、減少糧食浪費、因應氣候對農作物的永續問題、注重營養等處著手。WFP於二〇二〇年榮獲諾貝爾和平獎肯定。

除了糧食救援外，對於食物的浪費也是應該要重視的嚴重問題。「未來城市FutureCity @天下」顏和正在二〇一九年的報導提到，臺北市有一間咖啡館設置一個「享食站」公共冰箱，主要分享即將過期或多餘的食品供需要的人取用。「分享站」的幕後推手，是一位居住在臺灣而於中研院環境變遷研究中心擔任研究助理的德國人施特凡（Stefan Simon）所創，他提倡「享食臺灣」（Foodsharing Taiwan）運動，主要是為了珍惜食物與不要浪費食物。這個運動源自德國的垃圾桶挖寶（dumpster diving），其出發點就是呼籲珍惜糧食。而其實臺灣的家樂福已與食物銀行聯合會合作，分送剩餘即期品給弱勢族群與獨居老人等。

臺灣的許多公共場所常見有販售《大誌》（*The Big Issue*）雜誌的人，這本雜誌創始於一九九一年英國倫敦，以不同版本形式發行於世界十餘個國家，二〇〇九年臺灣大智文創取得授權並發行，藉由無家者（Homeless）及社會弱勢族群協助販售，批貨約標價的一半，販售所得歸自己所有。它的口號是「幫助那些幫助自己的人」。

不管是糧食救援、減少食物浪費，或者協助弱勢者自力更生，都是對消除貧窮的一種努力，值得大家一起加入行動。

SDG3

良好健康與社會福利

3 GOOD HEALTH AND WELL-BEING

出生於一八九四年的賴和，正好迎來了日本開始治理臺灣的年代，也是臺灣人寄人籬下的日子開端。賴和出生於彰化，家中以「道士」為業，因為祖父與父親藉由宗教儀式接觸許多底層生活的家庭，不時給予無能擺脫窮苦的人關心照護，賴和長於斯，除了受家庭培養教育外，並具有天賦的人道情懷，致使後來成為醫生的他，繼續秉持悲天憫人心志造福病患。

「未來城市 FutureCity＠天下」陳芳毓二〇二二年的報導中指出，雲林縣因為地理位置關係，即便縣境有七十位兒科醫生，其醫療量能仍是不足。被形容為「醫療荒原拓荒的傳教士」的臺大雲林分院副院長馬惠明，於二〇一八年推動全國重大急救醫療政策，將兩所醫院串起神經與整形外科一起排班，成為「雙星聯盟」，解決長者的病痛；爾後，若瑟與雲林基督教兩家醫院也加入陣容，解決地方長者交通困頓問題。馬惠明提出「共享與合作，是唯一的道路」的灼見。甚至達成「病人不動，醫師動」理念，因而解決醫師不足的難題。

此外，羅東也有一則暖心的佳話，《風傳媒》記者簡紹琪曾報導，現任職於羅東博愛醫院的宋睿祥醫師，於二〇〇三年飛往西非賴比瑞亞叢林，成為臺灣第一位無國界醫生（Médecins Sans Frontières，簡稱 MSF）。他的第一要務為重建當地醫療體系，許多生命中未曾遭遇的經驗皆於此經歷了：第一次面對瘧疾患者；第一次治療營養不良的兒童。二〇〇四年，宋睿祥結束救援任務回到臺灣並於醫院服務，二〇〇九年，他帶著外科醫師身分抵達葉門，再次投入救援任務。無國界醫師不強調英雄主義，僅專注在用有限醫療拯救受戰爭所苦、沒有醫療資源的人們身上，宋睿祥說：「醫療的根本在於助人。」

不管是賴和，或者馬惠明、宋睿祥醫師，他們秉持著為偏鄉或弱勢民眾的健康福祉所做的努力，都是人類歷史發展中，值得永續推廣的精神。

全面升級臺版女力養成記

張李德和

過去，臺灣傳統社會以父權的家庭型態爲主，李氏家族在清領時期因協助清廷平定民亂，李家因擁有軍功而晉身爲地方望族。後因一八九四年爆發中日甲午戰爭，一八九五年清廷與日本簽訂《馬關條約》，臺灣割讓給日本，初期日方多以武力對付抗日勢力，直到一八九八年初，兒玉源太郎繼任總督之後，改變對臺施政方針，他從強勢鎮壓轉變爲鎮撫兼施。總督府企圖利用臺灣仕紳的在地影響力，協助其各項政策的推動，因此，開始籠絡地方的重要望族權貴，培養其子弟成爲初等教育師資及公司業務人才，藉以加速臺灣人對日本的眞正歸順。李家剛好也在此波名單之列，張李德和的父親李昭元被薦送到臺灣總督府國語學校就讀。一如張李德和在《琳瑯山閣吟草》自跋提到：「余出生雲林縣西螺，先祖水路都督及游擊軍門之裔。訓導昭元先生長女，母廖幼。」她簡單說明自己出身雲林縣西螺望族，祖父李朝祥的兄長李朝安是清代官拜正三品，曾任臺灣水師協副將。父親李昭元則於臺灣總督府國語學校畢業後擔任教職。

德和雖出生在男女不平等的時代，臺灣社會仍存有納妾、蓄婢等不平等性別關係，但是，德和家庭是重視兩性平權的，面對傳統社會對女性的綑綁與限制，並沒有發生在她的成長歷程。反而，在父親與祖母不囿於傳統的教養下，祖母把自己活成好故事的人生，隱然成爲她學習的生命典範。例如，武官世家男子習武是稀鬆平常的事，祖母則主動鼓勵她舞文弄墨之餘，也能巾幗不讓鬚眉，練個劍道、武術，來個文武雙全的人生。綜觀其一生，她能掙脫傳統枷鎖，把自己活成全面升級的臺日女力，父親及祖母的民主家風對其生命無邊際的栽培，對其多采多姿的跨域發展影響甚鉅。家人對女性角色全然開放的態度，讓德和能夠自由汲取新式的知識，從中注入女性的自覺，發揮自己的內在原力。

閃閃發光的珍珠

張李德和（一八九三～一九七二），本名李德和，嫁給嘉義醫師張錦燦爲妻後，冠了夫姓；臺灣嘉義市詩人、畫家。字連玉、號羅山女史、古諸羅散人、琳瑯山閣主人、題襟亭主人、逸園主人、澹亭、桃城散人、武巒女史，人稱「詩媽」。編著有《題襟亭詩集》、《琳瑯山閣吟草》、《琳瑯山閣題畫集》。

從張李德和〈回憶〉提到的：「三齡喪祖父，十九失萱慈，少小已知痛，長時更識悲。祖母愛如金，無差萱草忱，雁行憐幼穉，嚴父繼慈心。」這段文字說明德和自幼深受祖母與父親的關愛，父親李昭元對德和期許自然深切，再從《琳瑯山閣吟草》庭訓嘗云：「琴棋詩畫，係陶冶性情，修煉身心，雖女子至少須精一藝。」李昭元不只親自教授女兒豐厚的漢學知識，也希冀德和日後要謹記庭訓，日日實踐。德和因而刻字「雖女子須精一藝凜遵庭訓」以銘記。同時，父親也請託其表姑母劉氏在活源書房指導她漢文、詩詞、琴棋書畫，表姑丈詹紹安則爲武探花，武藝過人、亦精書畫，在表姑父、母允文允武的家學涵養下，奠定日後德和獲得「詩、詞、書、畫、琴、棋、絲繡七絕」的美譽。

泰戈爾（Rabindranath Tagore）在《用生命影響生命》一書中提到：「把自己活成一道光，因為你不知道，誰會藉著你的光，走出了黑暗。請保持心中的善良，因為你不知道，誰會藉著你的善良，走出了絕望。」德和的父親李昭元是一位前衛新潮的父親，在他眼中的淑女養成記，就是讓她能活成一道溫暖善意的光，也成為閃閃發光的珍珠。因而，他培養女兒成為獨立的人，女力養成既沒有包袱，也沒有極限。只要你是我李昭元的女兒，就必須比其他男孩出色。德和不只多才也多藝，更是智勇雙全。就像她在〈珍重〉提及的：「一函三寶器，貴哉祖之遺。欽賜勳功品，家藏謹護持。」這份代表家族榮耀的三寶器：木象、木如意、木杯，先從先祖李朝安手上交給了父親李昭元，父親李昭元再傳承給李德和，臺灣水師協副將平賊有功的榮光好物成為德和書房裡的「清翫」。這物件的傳承意象，隱含一脈文武純美血統的象徵，也包含李昭元如光燦亮的父愛，一再照拂德和的人生。

父親完全揚棄「女子無才便是德」的陳腐思維，他鼓勵德和要和男性一樣胸懷大志，志在千里，不只要博學多聞，精通漢詩文，更要在琴棋書畫上著力，未來在男性崢嶸的藝文界也能與之馳騁匹敵，甚至鼓勵她要有自己的工作，找到工作的意義，並能以此為職志，不要小看自己未來的發展和能耐。德和明明可以靠家世撐腰，做個養尊處優的千金大小姐就好，但她偏偏要靠頭腦和才華去制霸他人，因此，德和就讀西螺公學校四年之後，順利考進當時女子教育的最高學府——國語學校附屬女學校（今中山女高）。

德和把自己活成一道光，她擁有強大的內在力量，無論做任何事都有勇無懼、充滿智慧，在走向自我實現的路上，她也活成當代女力的新典型，一如被賦予純潔光輝、幸福寧靜的「珍珠」。

相信孩子是天才的師者

德和離開家人遠赴臺北讀書後，就以成爲公學校誨人不倦的女教師爲職志。在她圓夢的歷程中，她慈愛的母親撒手人寰了。在〈先母六旬晉一陰壽感作〉詩中，她娓娓說出：「十九韶華轉眼過。他鄉就傅別時多。歸來舞綵成虛話，噩夢沉沉喚奈何。」從自己遠行離家到求學期間，母親驟逝的無常如同無情命運的考驗，失恃的遭遇雖讓她備感沉痛與悲傷，卻也讓她立志要成爲其他孩子學習的啓蒙母親。一如簡媜說過：「富人和貧家最大的差異在於，當黑暗降臨，富家之子手上有燈，而窮人家的孩子只剩老師。」德和接受新式教育的洗禮，興起爲貧家孩子提燈的信念，根據《臺灣人士鑑》提到的：德和於明治四十三年（一九一〇）在斗六公學校（今鎮西國小）就職，爾後也在西螺公學校、嘉義公學校任教，展開猶如日劇《極道鮮師》菜鳥鮮師山口久美子相似的教學經歷。她擁有強大的家族力挺，面對學生問題，沒有後顧之憂，古道熱腸的她還常有「俠女」的行徑。她以保護學生爲己任，把最燦美的青春獻給課室中的孩子們。她深諳知識對階級流動的重要，老師恰好是貧家孩子的提燈者。同時，小學生對知識充滿熱情與好奇，德和與每個學習的生命進行對話，帶著他們細品、細讀學習的奧祕，讓他們熱愛生命，並得以天賦自由。然後，在歲月的醞釀，德和發掘了學生的潛能，把他／她們教得出類拔萃，天賦自由。

德和老師是燃起孩子學習的一把熱火，同時也給予孩子人間的溫暖。德和老師是能讓弱勢孩子，站在自己肩上，提高視野的人。她用盡辦法讓弱勢孩子能與寬裕之家擁有平等競爭的位階。

擔任舞春風工作的德和，總是全心全意地投入其中，她相信每個孩子只要站對位置，都是天才。同時，她珍惜一生一回的師生情緣，用心停駐師生深情交會的流光，在教學的時光中，她從不願也不會對任何一個孩子放手。

這時候的德和老師，已漸漸從工作的淬鍊，化身為一位經濟獨立、思想自主、行動果決的當代新女性。在她決定與嘉義望族張錦燦醫師結褵前，教職歲月熠熠閃亮著精采的教學燦光。戲劇《極道鮮師》說過：「接下來的日子，辛苦的事、痛苦的事、會不斷出現，一個人快承受不了的時候，想想這段日子，你們擁有共患難的夥伴！」或許，這段師生同行的時光，雖只有短短四個寒暑，但，關於青春、關於學習、關於教育的生命絮語，師生情分成為她此生最純淨、最美麗的青春紀事了。

沙龍女主人的藝文空間

一九一九年臺灣由首任文官總督田健治郎治理，對臺的治理以「內臺融合」、「一視同仁」的開明政策為主線。一九二一年「臺灣文化協會」成立，蔣渭水與林獻堂等人發起「臺灣議會設置請願運動」。一時間，所有的藝文創作者彷彿被開放的社會風氣給鼓舞了。每個內心藏著詩文與藝術的靈魂開始對生活美學與自身作品的細節講究起來。在民主自由風氣的浸潤下，人文薈萃的聚合活動也慢慢地在臺灣各地蔓延開來。

走入家庭生活的張李德和，爲家族卸去孤傲的文青衣裳，爲家人洗盡鉛華、洗手作羹湯的同時，德和的丈夫張錦燦於臺灣總督府醫學校畢業。一九一一年於嘉義市開設諸峯醫院，和德和結婚後，兩人情投意合、夫妻合作無間，錦燦不只事業蒸蒸日上，生活也進入靜好安穩的階段。一九二九年，體己貼心的良人主動把諸峰醫院改建成新式洋樓，將屋後的庭園命名「逸園」，並把醫院的二樓改爲兩人舉案齊眉、吟詩作畫的另類「書齋」，由此可見丈夫對德和的疼愛與呵護。

臺灣文化圈常是男性的「勝場」，仕紳、知識分子、詩人、畫家等文人墨客大多是男性爲主，這棟洋樓二樓的空間，則是張錦燦送給夫人德和的女主人沙龍，它發揮完整的文藝交流功能。這可能也是臺灣文藝史上第一位女性以吳爾芙（Virginia Woolf）形象開啓象徵「自己的房間」之宣告，張李德和開始擁有一處女性創作的主權區。一如德和在〈澹亭寫生〉提到的：「一泓水潔生幽趣，四面石奇縱飽觀。纔有紅香吹綉戶，移他秀色上毫端。」這段文字勾勒出德和女性空間獨立的起點，她也給予這處靜心養性的處所一個浪漫的名字——「琳瑯山閣」。

一幢建築物就是一個時代的文化符號，也是歲月凝鍊的藝術臻品。琳瑯山閣是文人出入的藝文聖殿，目光所及、手溫所觸，都是詩畫的心跳聲，你的一吸得到藝術的氧氣，你的一呼是內在撞擊的悸動，這裡有無數藝文的靈犀曾相互凝望、給予有情的回音。張李德和曾在〈適興〉提到：「寧可終年除肉味。不堪一日隔書香。時逢夜半生詩思。枕上推敲興自長。」在夫婿的大力支持下，回眸迷離恍閃的人生，自認平凡的生活，年少的志趣於斯迸發而出，她愛煞了文雅慢讀的藝文氛圍，她在婚前就已加入西螺茨社，婚後更成爲羅山吟社的固定社員，並於一九二一年成立琳瑯山閣聯吟會，也先後參與琳瑯山閣詩會、鴉雀書畫會、題襟亭塡詞會、連玉詩鐘社、小題吟會等藝文組織。

張李德和變身爲「琳瑯山閣主人」，在她用心地擘畫下，「琳瑯山閣」成爲地方上文化薈萃之地。沙龍女主人在大小場域，投入許多的心力與資本，從悠閒地布展到邀請友伴看展，大家齊聚此，凝睇四季繁花綻放的模樣，傾聽山閣日日花開的聲音，當時優秀的畫家陳澄波、林玉山等人皆爲她的座上常客。德和猶如當地藝文的策展人，善用明淨幽靜的琳瑯山閣，進行每周一次的小聚會，每月一次的大活動，讓所有的文人雅士都能在此分享作品、暢所欲言。

若從張李德和別號之多來推測，她的人際網絡甚是緜延緊密，人我的連結必是關係熱絡，從她舉辦大小詩會門庭若市、熱鬧非凡，就可略知一二。還有她與嘉義文士擊缽聯吟，組織過「琳瑯山閣詩會」、「連玉詩鐘社」等，並先後刊行出版《琳瑯山閣題襟集》、《琳瑯山閣唱和集》、《羅山題襟集》、《題襟亭集》、《連玉詩鐘會集》等作品集，她與藝文圈的往來自是活躍。她從藝文的內在探問到尋找到自己的位置，在知識不斷升級的年歲，她的多才多藝也產生社會的影響力，藉由馳騁藝苑、人脈累積，她成為當代具有影響力的造局新女性。

新女性的雙贏人生

一位女性進入家庭生活，甚至生育之後，面對街坊的嚴苛檢視：三從四德、相夫教子的舊式眼光，德和如何讓自己的天賦得以自由？如何權衡母親與職業婦女的角色？張李德和不慍不火的作法，是否眞能擺脫性別的桎梏，為自己爭取到人生的「雙贏」？

曾經，張家對她嫁入為媳，仍存有一絲絲疑慮，公公張元榮甚至寫詩〈示季媳連玉〉叮嚀她，要保守做媳婦的底線：「女紅文學夙稱長，遠近傳聞姓氏香。只恐未嫻烹飪事，調羹要囑姒姑嘗。」這首詩的意思是，無論妳過去曾是多麼火紅的詩壇美少女，嫁入咱們張家之後，妳還是要洗手作羹湯。公婆耳提命面地提醒她，請不要誇耀己身才華而疏於傳統婦德。

作爲地表零負評的豪門媳婦，張李德和秉持著一貫的信念：對於討厭的事情，不要急著抗拒！先試著先去了解、嘗試。相當具有成長思維的她，也不卑不亢地回詩一首：「女紅中饋貴兼長，姑姒名傳烹飪香，願拜下風資切手，寸葱方肉佐烝嘗。」她深諳廚房是傳統女性地位的競技場，沉默地收起文科少女心的天眞，她誠懇地告訴公婆：自己是願意親手下廚的，能和家中女眷們一起切磋廚藝，何等快活！一首詩看似四兩撥千金，她的雲淡風輕，正向回應，很有智慧地化解公婆的擔憂疑慮，安撫家族人心，最後，以認同傳統女德與克盡新婦職守扛起好媳婦的標誌。

張李德和以守爲攻的生命智慧也提供許多婆媳相處的解方。她靠的是耐心與誠意，用的是時間的累積，讓自己在家族站穩位置。她知道家族的興衰成敗，需要大家攜手共創，她得發揮一加一大於二的共好人生。記得與公婆同住的女星林依晨也曾這麼說過：「每個人都不容易，也都有自己的人生課題要面對，但對周圍人多一些善意、給他人多一點空間總是有幫助的！」

若從〈畫菊自序〉中，德和特別提到：「若夫銀鈎鐵畫，固屬難窺。儷白妃青，亦非易事。余因停機教子之餘，調藥助夫之暇，竊慕管夫人之墨竹，紙上生風；敢藉陶彭澤之黃花，圖中寫影。」文字輕描淡寫地傳遞：自己在教導孩子、協助先生的閒暇時間，才會想到自己鍾情的書畫，詩文，即便沉醉於陶淵明繪畫菊花的美好時光，卻也從未偏廢一位家族女性該盡的責任。

張李德和與丈夫鶼鰈情深，兩人恩愛自不在話下，他們對兒女的教養秉持儒家精神，以愛的教養培育極爲優秀的下一代：長子兒雄、次子藩雄，長女女英、次女敏英、三女麗英、四女瓊英、五女慧英、六女妙英，及七女婉英。他們對孩子的教養採取自由不放任，兩人不疾不徐、不貪不躁的優雅管教術，讓孩子都能找到自己的賽道。她的母親人設很簡單，就是讓孩子好好做自己，共享親子時光。她是一位慈愛的媽媽，也是孩子成長的神隊友。她讓孩子永遠保有學習的熱忱、對世界的善意，她的育兒之路從未踩過雷，她以堅定的步履、正向有效的教養，陪伴九個兒女成爲獨一無二的自

己，而非成爲哪位成功者的複製品。最後，德和以「愛」記錄自己擁抱幸福的人生點點滴滴，而她的每個孩子也都成爲社會堅實的棟梁！

張李德和凡事面面俱到，駕馭繁瑣的能力精深，絕對是「出得了廳堂，入得了廚房」的新女性。有句話是這麼說的：「只有小孩子才做選擇，我全都要！」嫁入仕紳家族，張李德和融入傳統漢學訓練的家風，也在日本新式教育中開拓現代的視野，她既符合當時對傳統女德的標準，並以冠夫姓明其志。她懂得：人與人的相處的確要多點同理、善良，在磨合過程你必須先給出眞心，才能邂逅他人的眞情。

從少女到少婦，從少婦到母親，每個階段的生命轉變，她既周到又負責，讓所有人都臣服於她的智慧與積極，並在大家的齊聲祝福下，爲自己開啓人生的「第二職場」，堪爲日治時代臺灣新女性的人生典範。

走進女性藝術家的人生花園

從東漢班昭、蔡琰、東晉謝道韞、北宋李淸照、明朝柳如是，我們看到女性藝文團個個文采過人、作品出色，因此，德和在〈畫菊自序〉中特別提到：「人為萬物之靈，志有萬端之異。學琴學詩均從所好，工書工畫各有專長，是故咳唾珠玉，謫仙闢詩學之源；節奏鏗鏘，蔡女撰〈胡笳〉之拍，此皆不墮聰明，而有志竟成者也。」她特意將李白和蔡琰並列爲提，並以〈胡笳十八拍〉樂曲節奏淸脆而響亮，凸顯優秀是無關男女性別的。相信自己，世界就會相信你。因而，堅定志向找到自己的擅長處，無論彈琴或作詩，都能激發志趣與熱情，並能日積有功的奇蹟。

張李德和的女力並不是革命烈士、大鳴大放型的前衛形象。未出嫁前，她是具有新思潮的留日知識分子；結婚之後，她和丈夫情投意合、志趣相投。她變身爲公婆喜歡的全方位完美媳婦，相夫事姑盡心盡力，更是孩子心目中溫柔婉約的母親。她在〈持家〉自述：「持家風格峻矜嚴，閒事閒人莫浪添。几淨窗明心地爽，何妨役婢女兒兼。」足見對於操持家務嚴謹，護持丈夫事業列爲第一、爲婆家奔波使命必達，從未因爲外在的掌聲而興起其他心思。她不只是好媳婦、好妻子、好母親，更是兼具多元身分，每個角色都扮演極爲出色的人生勝利組。

同時，李德和從沒放棄自己熱愛的詩、書、畫，旺盛的學習熱情，因勤勉專注而讓她不斷精進與躍遷，不只活躍於當代詩壇，也常在自宅宴集文人墨客，以詩文書畫琴棋爲名，群賢畢至，以流觴曲水的優雅宴飲，共聚暢敍幽情。尤其，她在繪畫上的表現，雖然起步較晚，藝術天賦卻冠絕他人，加上勤於練習，不僅善畫水墨花鳥，在老師林玉山的指導下，她的東洋畫作也極爲出色，令人驚嘆不已。

從畫作《蝴蝶蘭》獲得特選、總督賞，張李德和的畫作多次入選臺灣總督府美術展覽會，人稱「女青蓮」。一九四〇年入選的作品《扶桑花》更獲得「總督賞」，一九四二年《鳳凰木》在第五回府展獲推薦畫家，隔年於「府展」榮獲「無鑑查畫家」的尊譽，一如張李德和說的：「雙鬢欲華心未老。埋頭藝術過餘生。」最爲特別的是，她的書法作品不若其胸次溫婉，反呈現雄渾滄勁的寫風，書畫藝術儼然成爲張李德和爲人妻之後的最愛，優美疏淡的畫風展現女性典雅抒情的風格，她的觀察力與想像力也極爲出色，她的自然寫生呈現一種獨特的臺灣在地文化風格，同時，她的詩畫聲名早已名揚四海，成就極致非凡，傳遍全臺。

性情柔順，具多元包容性格的張李德和企圖打造一個突破傳統父權社會認同的女力信念與支持系統，這種「以退爲進」反求諸己的作法，產生的力量比想像中巨大，也讓張李德和更有機會成爲藝術家的箇中翹楚，從中彰顯自己的女性自覺，綻放閃亮的美好人生。

用最好的姿態迎接幸福

在強調男女平權的今日，要成爲藝文界的 LEADER，在有些地域仍屬不易，更遑論在日治時代，張李德和遭逢的困難比我們想像的還多。平凡家庭主婦的日常工作，灑掃烹飪、侍奉翁姑、教養子女、協助夫婿事業等，幾乎占去她大部分的時間，但女力意識讓她找到自己是誰，這位時間管理大師，做了最好的時間管理，尋到一個勇於挑戰的臺灣女力賽場。張李德和除個人的藝術成就外，積極推動各種藝文活動，爲了支持詩社活動，不惜變賣首飾成立「玄風館」，藉此推廣在地的書畫活動和風氣。

認眞盤點張李德和的一生，她鍾愛的工作仍是老師，因結婚辭去教職，四年公學校老師的經歷讓她終生難忘，後來，她以另類教育人的形象從事地方教育事業，由於丈夫開設的醫院有成立產婆講習所，德和便到此教授漢文，也在義塾傳授漢文，擔任講師，她是學生眼中既美麗稱職、點讚率又不斷破表的生命導師。侍應生通常都是出身地位比較低微的女性，由此可見其對臺灣婦女問題相當關心，就像 SDG4 目標主要在確保有教無類、公平以及高品質的教育及提倡終身學習。

張李德和後續籌辦婦女會、愛蘭會等，鼓吹女子教育的重要性，並致力社會改革的作爲，完全符合指標四中興建和升級具包容性、安全的學校。尤其，家族讓她能完成高等教育並且擁有相關資源能夠有效學習各種才藝，當小德和還在孩童階段，父親、祖母、親友都能對其身心發展、照護及學前教育，做好各種準備，並能消除教育的性別差距，確保女性可平等地接受教育與職業訓練的權力。溫文儒雅的家教影響她日後擔任救濟院的董事長，組織婦女保甲團，參與各項社會事務、投入地方公益事業的公益形象。

張李德和走自己選擇的路，用最好的姿態迎接幸福，那不只是新女性對臺灣文化的認同，也是對女性身分意識的探尋，當「琳瑯山閣」在戰火下被摧毀時，張李德和沒有抱怨，而是立刻捲起袖子捐錢輸力。最可貴的是，她於戰後積極投入政壇，以女性身分當選第一屆臨時省議會議員，無論在民政、財政、教育、交通都有她新穎又精準的見解。一如許然〈恭賀逸園主人張先生錦燦醫師暨德配李夫人德和詩史七旬齊眉榮壽誌慶〉對其人生的概括：「逸園主人翁，是神仙眷屬，福慧雙鍾，自古縉紳門第，嘉縣推崇，繩祖武，振家風，杏林春滿諸峯，古稀慶齊眉，壽人壽已善報感天公，賢德配，女詞宗，聲名揚藝苑，畫善詩工，會執聯吟牛耳壇坫稱雄，參省議，達國衷，為公家能盡誠忠，宜桂子蘭孫，呈芳競衍獲無窮。」

在男尊女卑的時代，張李德和不只在才學上能和男性分庭抗禮，更是兼具才藝與智慧的新時代女性。從她安靜卻不凡的人生經歷，足見教育讓其具有永續發展所需的知識與技能，無論日後與夫婿風雅的生活模式，對於教育、性別平等等議題的捍衛與護守，張李德和不只兢兢業業，同時也努力著力於藝術文化，對於婦女教育的積極作爲，讓她成爲當時全面升級的臺灣女力典範。

張李德和

一八九三年生，字連玉，號羅山女史、琳瑯山閣主人等，她出身於雲林西螺的望族，後嫁嘉義醫士張錦燦為妻，婚後張錦燦開立醫院，張李德和便辭去教職協助丈夫處理醫院事務。

工作之餘，醫院的二樓成為夫婦起居讀書的靜室，號為「琳瑯山閣」，屋後庭園則名為「逸園」，常於此舉辦詩會。並加入西螺菼社、嘉義羅山吟社，也曾組琳瑯山閣詩會、鴉雀書畫會等文人聚會。此外她在畫壇上亦有所成就，除作品多次入選臺府展外，還在一九四二年獲得「推薦畫家」，隔年獲「無鑑查畫家」的榮譽。

二次大戰結束，日本投降後，張李德和投入政壇，當選臺灣省臨時省議會第一屆省議員。她一生身兼詩人、書家、畫家、教育家、慈善家及政治家等不同身分，雖身為女性，其多方位之能力表現全然不遜於男性，堪稱當代臺灣女性的楷模。

潮議題

SDG4

確保包容和公平的優質教育，讓全民終身享有學習機會

記者羅詩樺曾在一篇刊於《遠見》網路平臺的文章報導，從事教育、親子、療癒等領域的青少年輔導員陳子倢，她被稱為扣扣老師，二十四歲時創設「小人小學」。身為平面設計師的她，透過藝術療癒教學輔導孩子，深入了解孩子內心而拆解他們的祕密，提供解方給家長如何與孩子相處。陳子倢於偏鄉成立小人小學，但均鎩羽而歸，爾後，她更招募有志一同的人才投入此行列。後來，茶籽堂創辦人趙文豪盼藉小人小學之力，在南澳開辦教育網絡與產業育才，終於開啟新路。其成立的「籽苗教育發展協會」將資源導入在地協會，開啟偏鄉教育。陳子倢除了南澳的「全國女孩聯盟」計畫，也與新北三峽「小草書屋」、臺

東「孩子的書屋」及花蓮「練習曲書店」、新城國小等單位合作，透過多元生動的教育形式，讓孩子肯定自己。「自我認同」、「看見自我價值」、「想像未來」等為陳子倢創立「ArtBus藝術車計畫」的巡迴行動宗旨，她的目的是透過多元角色實踐教育共生，讓教育環境更健全。

二〇一三年，一個非營利組織「為臺灣而教」（Teach for Taiwan，簡稱 TFT）誕生了，短短數年，已孕育了兩百位跨領域的優秀人才。TFT 跨越臺南、屏東、雲林、花蓮、南投等縣市，TFT 送這些教師去偏鄉助學校轉型，讓人口回流。TFT 創辦人劉安婷的方向明晰，她曾接受《故事》記者蕭紫菡的採訪報導，文中她點出偏鄉教育的盲點：「研究發現，投資報酬率最高的教育策略，都是只有『老師』才能做的事情。」偏鄉的孩子成長環境的複雜程度遠超過城市，唯有走入偏鄉才可能改善環境。雲林縣有一所拯民國小，它不同於其他偏鄉人口流失而面臨廢校，相反地，從公立變成公辦民營，反而讓學校蓬勃茁壯。拯民國小校長林郁杏說：「為什麼在成績上會產生落差？往往是中間有些球被漏接了。」他們自行招聘師資，而這些師資全來自 TFT。林郁杏校長的立基點就是，每一個孩子不管交給哪一位老師，均有最優質的教育方式。她實踐了 SDG4 的目標：「確保有教無類、公平以及高品質的教育，及提倡終身學習」，讓偏鄉孩童的學習不再孤單。

不管是陳子倢扣扣老師對教育的實踐，或者非營利組織的「為臺灣而教」（TFT），都與出生於望族、世人稱「詩媽」的張李德和秉持「致力社會的改革」精神相同，都是一個時代中，社會進步的重要力量。

航向更好的藝術人生

陳澄波

火星爺爺許榮宏曾在二〇一四年的TED×Taipei的八分鐘短講提及一個很重要的人生逆思維：「一般人都會認爲『沒有』是壞事，但恰恰相反，『沒有』不是一份限制，而是一份禮物。」就像陳澄波的人生，在最貧瘠的土地，捲起袖子耕耘，因而，有機會使其開出一朵臺灣藝術的「沙漠玫瑰」，它絕然獨特，也極其重要，更具有殖民時期，臺灣人民在「沒有」的時刻，憑藉信念、努力，而開創出令人驚艷的人生。

暢銷作家楊斯棓如是說：「要有一個人，那個人就是你！在關鍵時刻，你只要能成爲挺身而出，著手改變能改變的，世界就會改變！」一九二六年陳澄波以西畫《嘉義の町はづれ》（現稱爲《嘉義街外（一）》）入選日本第七屆帝國美術院展（簡稱「帝展」），「陳澄波」這三個字成爲臺灣首位以油畫跨進日本官展的第一人。其後，他又數度入選「帝展」，這項殊榮，果眞把他推向臺灣繪畫一哥的位置。在藝術的世界自我實現的陳澄波，透過畫作記錄臺灣社會歷經不同政權統治逐漸現代化的歷程，其畫作的時代意義，恰好也是陳澄波見證臺灣人民萌生臺灣意識的轉折處。

一九四五年二次大戰結束後，陳澄波被推舉擔任嘉義市各界歡迎國民政府籌備委員會副主任委員、嘉義市自治協會理事。一九四六年順利地當選嘉義市第一屆市參議會議員，展開從政同時作畫的嶄新人生。陳澄波是當時願意挺身而出的那個人，以藝術家的同理之眼關照庶民百姓的生活。一九四七年，陳澄波跟隨內心正義的鼓音成爲二二八事件的談判者，他的奮不顧身、捨我其誰的抉擇，實踐「死有重於泰山」的生命價值，我們不會忘記：那聲槍響的意義代表一個人願爲敲響人權的鐘聲而奔赴，願爲臺灣土地留下悲天憫人、犧牲奉獻的巍峨身影，生命休止符並沒有讓我們遺忘這位在臺灣近現代藝術史上舉足輕重的巨人，他所帶給我們的不只是藝術的耀眼光芒而已，還有對於臺灣這片土地的熱情以及生命感染力。向「沒有」借東西的陳澄波，用他精采的人生感動著我們，他此生對公平、正義的追尋身影，活在我們的心中，鼓舞著許多人接起他正義的棒子，齊心建構一個友善多元的夥伴關係網，協力促進臺灣成爲永續社會的嶄新家園。

不忘走過的來時路

陳澄波（一八九五～一九四七）生於清領時期的臺灣省臺南府嘉義縣，其優異的繪畫成績，被後人譽爲「臺灣繪畫現代主義之父」。父親陳守愚是前清舉人，身爲私塾教師，他是臺籍鄉民子弟知識的啓蒙者，除了教授學生識字、漢學，也指點學子待人處事的道理，陳守愚也算是教化民心的品格鍛鍊師。

或許，陳澄波的體內存有父親儒者卓犖的思想、高偉的行誼，影響日後他從政的人生選擇。從小，面臨母親與父親相繼離世的無常打擊，祖母林寶珠含辛茹苦地養育他，以販賣花生油和雜糧維生，也常與他分享生活的光明面，讓他不至於陷入怨天尤人的困境。

童稚時期，陳澄波與祖母的相依相伴，不只讓他享受祖孫情深的相依相偎，同時，祖母的堅強讓他學會生命的從「新」開始。唯有忘記過去，你才會相信幸福。祖母的愛讓他知道：艱苦的歲月是命運殘狠的淬鍊，卻也是生命珍貴的禮物，它讓陳澄波在年輕時就確認未來的人生方向：自己要用一生的努力去證明，陳澄波未來會是臺灣極重要的畫家。唯有自己接住自己，你才能把自己放好位置。擺脫悲情，你就要相信自己，不為難自己。他長期翻閱報紙的頭條新聞，發現新聞經常報導畫家入選帝國美術院展覽會的新聞。這就是他要選擇的人生，一如貝多芬（Ludwig van Beethoven）說的：「卓越之人最大的優點是，在不利與艱難的遭遇裡百折不饒。」從那一天開始，他告訴自己：未來陳澄波三個字，也要印在報紙的頭版頭，讓臺灣人以藝術為名，找回應有的聲譽，這不只是自己揚眉吐氣的唯一捷徑，也是讓臺灣人被看見的舞臺。唯有說到做到，你才有機會因自我實踐而遇見更好的自己。

吾愛吾師：石川是臺灣畫界的旋風

走過青少年崎嶇難行的人生仄徑，一九一三年陳澄波進入臺灣總督府國語學校公學師範部乙科就讀。他遇見許給他一個廣袤、自由繪畫新世界的日本水彩大師石川欽一郎。石川欽一郎（一八七一～一九四五）是靜岡人，留學英國的經驗，打開他對水彩畫的想像視域，他最擅長以各種顏色的堆疊來表現景物光影的多層變化，他在臺灣總督府陸軍部參謀本部擔任通譯官，同時受總督府囑託，教授臺籍子弟西畫。由於這份跨海教學的因緣，這位不穿官制服裝，渾身散發英倫氣質，喜歡穿西裝打領結的石川老師，攫住所有臺灣藝文學子的眼光。他不只大力引進西方美術教育的新觀念，還推動美術團體與展覽的設立，發起藝術文化月例會、番茶會等組織，大力提攜藝文後進，化育英才無數，包括陳澄波、李梅樹、藍蔭鼎、李澤藩等人，都受其畫風的啓迪與影響。石川堪稱臺灣學校美術教育的開創者。

石川對臺籍學生十分友善照顧，常以寫生爲名，帶著學生進行一場場環島小旅行，培養他們與土地深情凝視的靈犀，找出土地重要的地標、時序，讓稍縱即逝的美景能以畫筆將瞬間感動記錄下來。他培養學生從尋常中找出不凡，戴著美感的濾鏡，當你觀覽世界的眼光就不一樣了，你畫出來的樓閣建築、日出夕照，才會推陳出新，勾勒出與衆不同的風格。他的教學模式震撼臺灣的畫壇，讓追隨的習畫者一時趨之若鶩，石川成爲無數優秀臺籍藝術家尊敬的「先生」（老師）。若是仔細品視石川的水彩畫作，《臺灣基隆海岸》、《福爾摩沙》、《臺南後巷》等作品，筆筆描繪臺灣南島氤氳旖旎的風情，唯有熱愛臺灣這塊土地，才能以藝術創作展現臺灣之美和在地文化的價值。所謂創作的靈感大都來自日常生活細微的感動，偉大的作品通常來自他人未曾關注的小事小物，石川細膩的藝術靈思，爲當下美的刹那留下永恆的燦爛。

石川欽一郎彷若光的存在，他迷人的藝文風采氣度讓陳澄波認眞追隨、心嚮往之。他教會陳澄波繪畫的本質是有邏輯性、思考性、創造性的生命內化，同時，陳澄波也察覺到自己專注於繪畫時，內心會得到深刻的篤定和內在的寧靜。一九一四年他以水彩作品《測候所》細膩描繪臺北測候所（今中央氣象局）的陽光、色彩與空氣氛圍，自然寫實的畫作，流露淡雅柔情之美。從畫作的情韻多少也能窺見石川欽一郎對其創作的巨大影響。一支畫筆、一方畫紙承載的繪畫靈魂，自此讓他發現一條有光的遠方坦道：拿起畫筆就能彩繪有愛與希望的人生，畫布上的風景也是自己愛世界的完美想像。誠如德國作家赫曼．赫塞（Hermann Hesse）在《徬徨少年時》（*Demian: die Geschichte von Emil Sinclairs Jugend*）說過的：「在世上，最讓人畏懼的恰恰是通向自己的道路。」陳澄波在繪畫的世界找到爲生活奮鬥的勇氣，尋求爲困境解套的智慧，也帶著無比的勇氣去闖出廣闊的生命藍天。

一九一七年從學校畢業後，他回到母校嘉義公學校擔任訓導工作。他不再如飄零的浮萍，他在熱愛的土地上找到自己習畫、學畫、教畫的意義，在教書的歲月中，他和老師石川欽一郎一樣，以「種桃李、舞春風」的生命姿態傾力教學，把繪畫當成自己淑世的美學精神，不斷地傳承下去，教師這份工作也成爲他終生的志業。他前後執教了七年的時間，因教學認眞，誨人不倦，多次獲得優異獎金的嘉勉。猶如法國作家羅曼．羅蘭（Romain Rolland）說過的：「世上只有一種英雄主義，就是在認淸生活眞相以後，依然熱愛生活。」陳澄波至此好像扛起石川教畫的招牌，生活再窮，有了繪畫就富裕了，生命也憑藉對繪畫的愛逐漸豐盈起來，因爲他不是在畫畫，就是在前往畫畫的途中。

如果有來生，你還願意再嫁給我嗎？

《派特的幸福劇本》（*Silver Linings Playbook*）說過：「一個人若能接受最差的你，才配擁有最好的你。」張捷遇到陳澄波的時候，他還是一無所成的年輕人，兩人的相遇就是印證這句話：「我喜歡你也剛好喜歡我的樣子。」說來兩人的緣分也巧妙，從小就是嘉義望族千金的張捷，她和陳澄波曾當過短暫的小學同窗，後來，張捷因故選擇輟學在家刺繡，從事女紅之事。沒想到，本已是兩條平行線的陌生男女，在媒妁之言的撮合下，竟有機會相遇，而輕輕撬動彼此心扉的支點，填補曾經缺席人生的遺憾。

張捷是陳澄波命定的靈魂伴侶，陳澄波在她身上，覓得絕對合拍的契合與喜悅。相愛的兩個人性格迥異猶如天平的兩端：一個浪漫天眞、一個務實穩重；一個重視藝術、一個偏愛家庭。張捷的沉穩和溫柔，讓兩人的婚姻相處穩定平衡。尤其，陳澄波在張捷的陪伴下，年少失親的遺憾，終於在充滿愛的羽翼下，拼湊出一個家溫暖完整的模樣。原來，愛一個人就是直擊內心的甜蜜，曾被低估的人生，因爲彼此的愛撐起高品質的人生。有了張捷安靜的守候，陳澄波也從大而化之的直男變成凡事呵護的暖男，例如，每日晨曦初透他就悄然醒來，親手升火、燒水，只希望愛妻能日日捧著溫熱的水梳洗。從不間斷地做著這件小事，其實蘊含著陳澄波永遠把張捷放在心底最重要的位置，疼著、愛著、惦著、念著。

日後，他在教學和家庭的往返奔波中，日子雖是忙忙碌碌卻過得平凡有味。只是，他的繪畫熱情像是關不住的小鳥，他知道，遠方還有個未竟之旅在等待他展翅翱翔。

那天，他看著即將臨盆的張捷，向她深情又愧然地吐露自己想要赴日報考東京美術學校的念想。張捷明白，眞正的幸福不是患得患失，而是放手讓他築夢踏實，他値得更寬廣的繪畫湛藍。一如白落梅《你若安好，便是晴天》說過：「終於明白，有些路，只能一個人走。那些邀約好同行的人，一起相伴雨季，走過年華，但有一天終究會在某個渡口離散。」夫妻再親近再相愛，也無法勉強彼此朝暮相伴，每個人都有自己獨行的理想之路要闖，都有一個人的浮世清歡要過。張捷希望陳澄波不要被眼前的男歡女愛牽絆，若能自帶孤獨許陳澄波一個前進的未來，這個寂寞她連想都不用想馬上就能扛負起來。

她要做一個不讓他左右爲難，讓他自由去飛的伴侶，讓他有機會展翅遨翔，陳澄波會是畫壇上指日可待的重要光芒。離別、追夢這個艱難又痛苦的決定，在張捷成熟與大氣的成全下，終把陳澄波推向更高的藝術殿堂：一九二四年他考入東京美術學校的圖畫師範科，與廖繼春同船赴日本，成爲臺灣第一代留學日本的西畫家，陳澄波終於抵達臺籍學生亟欲攀登的藝術殿堂，而這個光環的背後，是一位女子獨守空閨的眞情祝福，與眞心的等待。

臺灣梵谷的自畫像

日本留學的日子，張捷獨自做著裁縫養家的活兒，陳澄波一刻都不敢怠惰，他清楚知道自己的初心：擁抱藝術似乎不能改變現實，但不再擁抱藝術卻能毀滅所有一切。面對孤冷的現實打擊，他仍堅持以藝術的暖流留下歲月那幸福剎那的永恆之愛！因爲陳澄波始終相信藝術的力量。當時，陳澄波白天在美術學校習畫，晚上到岡田三郎助的「本鄉繪畫研究所」練習素描，已到了「夙夜匪懈、焚膏繼晷」的刻苦自勉時刻，一如同鄉的林玉山在《雄獅美術》中說的：「陳先生日常生活亦極簡單……每逢星期天或祭日例假，他都不參加不必要的遊樂，一定帶了畫具跑到郊野寫生……」當時日本畫壇受到印象派、後印象派的影響，陳澄波對梵谷極爲崇拜，期許自己可以成爲臺灣的梵谷，並在《自畫像（一）》的畫作，融入明亮的色彩，展現自然率眞的筆觸，刻畫內在對創作所追求極致的完美神態，這個時期陳澄波的畫作，都隱含對梵谷作品恭謹致敬之心，熱烈奔赴之情。

身爲被日本殖民的臺灣人，陳澄波處於中日文化的兩難縫隙間，向左望向右看，都是迥異的風情，走著走著，畫作濃縮他的快樂與悲傷、失去與所得、忙碌與閒適。

寐與不寐、昧與不昧、袂與不袂，冷冽卻帶來冷靜思考知識分子與藝術之間的未來，人生若不過得「認眞精實」點，就別奢望能邂逅「獨有的精采」！

藝術把時間走慢了

一九二六年陳澄波一舉以《嘉義街外（一）》入選日本第七屆「帝展」，引起日本與臺灣各媒體的爭相報導，有人活成了詩，有人過成散文，有人行旅成小說，陳澄波活成一幅臺灣風情的油畫。他成爲以油畫入選帝國美術展覽會的第一人，他的生動畫筆起伏跌宕，蜿蜒的人生景致極其典雅優美，同時，生命情韻也雋永醇厚；一九二七年與廖繼春、顏水龍、范洪甲、何德來、張舜卿組成「赤陽洋畫會」，生活中就是有風雅的同行夥伴，同好者以彩筆勾勒世界繽紛的靈犀，當畫筆積累了生活體悟，作品就演繹成幅幅經典之作。

愛鄉土爲臺灣人爭一口氣，不只是他們喊喊的口號或形容詞而已，而是凝鍊生命每天的純粹，因爲藝術走慢了時間，他們把痛苦的時光也活成了甜釀。陳澄波不只把自己活成臺灣梵谷，也超越梵谷憂鬱沉痛的生命原色，以積極樂觀，實現共好的社會價值，活出臺灣梵谷的嶄新人生。接著，再以《街頭の夏氣分》（現名《夏日街景》）入選日本第八屆帝展，這樣優異的表現猶如嘉義醫生林玉書在陳澄波作品入選第七回臺展（一九三三）後，所作的〈第七屆臺展我嘉人選恰值八入爰作畫中八仙歌——關紀之〉提到：「澄波作畫妙入神，名標帝展良有因。」他會把陳澄波排在這首詩的首位，代表即便在人才濟濟畫都嘉義，能夠帶起畫壇風起雲湧之勢的還是大家心中的唯一，永遠的 TOP1 陳澄波先生。

陳澄波行旅臺灣、日本、中國等地，眞誠對待身邊的每一個人，不分彼此的族群、語言、性別，他展現的是藝術家對於美的追求是無極限的，從毫不猶豫地離開舒適圈展開對美的追尋，他跳脫框架的探索美的極致；從陌生到熟悉，日常的美感被激盪而出，一點一滴地積累在自己的創作裡。在不斷地行腳暫居時刻，他感受到人情的溫暖，異地的溫度，風景與情感鏈結的力量，激發他旺盛的創作能量；人生的壯遊，只想遇見爲藝術突破的勇氣，從中覓得更好的自己。

歲月靜好，現世安穩

一九二九年，陳澄波自東京美術學校西畫研究科畢業，與汪荻浪一起獲聘到上海新華藝大任教，一九三〇年再轉至昌明藝術專科學校執教。在中國講學的那段時光，陳澄波以西湖爲創作範疇，《杭州風景》入選第七屆槐樹社展。在上海寄居的時光，作品流露中國畫古風的靜美氣質，他在創作的世界盡情探索，重新詮釋東方藝術的精神，進化爲擁有卓越藝術魂的油畫先行者。

在中國習畫教學的日子，他保有獨特絕美同時學會謙和圓融，一改早期對印象派梵谷畫風的癡狂追求，對於寫意的樸實眞實的倪雲林、八大山人的作品也極爲喜愛。他保留水墨線條、散點透視、高遠構圖等「學院中的素人畫家」的技法，巧妙融合東方迷人敍事的繪畫風格，讓作品既有東方水墨又富現代印象，做到只有陳澄波可以超越陳澄波的自我躍遷。其中，此時期的作品《清流》（又名《西湖斷橋殘雪》）創作於杭州，以西洋油畫技法來呈現東方西湖的絕美景致，也是他在遺書中特別請家人要保存的畫作：「西湖斷橋殘雪之繪，為家保存之。」油畫《清流》構圖層次豐富、保留古風，細藏季節駐足畫家心底的一抹平淡和諧的生命況味，後來更參與美國芝加哥世界博覽會的展覽，被推選爲「中國當代十二畫家」之一。

一九三二年一二八事變發生後，陳澄波回到臺灣開始專心創作。當年，陳澄波扛著大畫板探索這塊既熟悉又陌生的土地，出走常常是心底有惑，在疑惑的召喚下，走讀與繪畫幫自己的迷惑找到眞實的答案。一如建築師李清志說過：「迷路才是旅行的開始。」對陳澄波來說，旅行才是繪畫的開始，他在嘉義公園的時候，會邊作畫邊與遊客攀談，如同日文「迷走」的概念，偏離正軌不按固定路線的行動，每每畫上一幅，就讓路人評價點評，他的作法猶如臺灣畫壇的白居易，任何藝術創作若能做到「老嫗能解」，藝術就不只是上流社會抑或是知識分子獨享的階級美物，當大家都懂陳澄波的畫作，繪畫藝術就成爲我們的日常。

陳澄波曾說：「我的畫室與其說在室內不如說在大自然之中。」沒有目的地的邊走邊畫，是他送給自己旅行的紀念品，只要畫出來就能讓我們把目眩神迷的刹那，化爲美麗的永恆。臺灣市集街弄、山巓水湄的景致都竄入他的魂魄中、血液裡，他以畫筆勾勒出他行旅感動的軌跡，無論是以腳步去丈量的母土想像，還是搭火車去寫生的愜意浪漫，因眞實閱覽生活細微末節的尋常之眞，才能呈現畫作無所不包的非凡之美。一如他最愛的嘉義，無論是街頭、公園、廟口都是他傾聽臺灣的天籟跫音，並從心底悸動到實體畫作，藝術是無縫接軌的美麗所在。

不遺漏任何人，我們都是好夥伴

回嘉義定居的陳澄波，開始把創作重心聚焦在嘉義，以及臺灣淡水周邊，沒有遷徙的漂泊，陳澄波專注在各地寫生畫畫，揹著畫架到處畫著畫著，隨心所欲的創作，都是一幅幅千錘百鍊、無人可及的精品。此時的陳澄波，早已越畫越接近創作的巔峰。一九四〇年陳澄波在《臺灣藝術》發表〈我是顏料〉寫道：「作品終於被送到了會場，無數的讚美和喝采！『啊！好啊！真是好畫！好美的顏色！這畫的感覺真好！』然而，有誰能瞭解：我和朋友們，在這之前，所嘗受到的種種辛酸與痛苦？」[1]陳澄波將自己指涉爲油彩顏料，他對藝術的熱愛，促使他能毫無保留地爲藝術犧牲、奉獻，即便嘔心瀝血也不以爲苦。

若從陳澄波《淡水》、《淡水風景》、《淡水中學》的作品來看：陳澄波此時展現自己對土地的獨愛情懷，透過勾勒亞熱帶風土的蓬勃生命力，讓所有人都找到對土地的澎湃之情。回顧其創作的人生，即便有風有雨，參雜許多不爲人知的辛酸，但讓他能熬過、捱過的就是對美術的狂熱之心。說穿了，創作就是「觀察自己，研究自己，了解自己」的過程，爲了內觀自己，保有不變質的純眞之心，才能「任純眞的感受運筆而行」。最後，陳澄波才能走到《一代宗師》說的：「見自己、見天地、見衆生。」習武猶如習畫，最後，我們所關切的不再是自己，而是天下人的憂樂，猶如老子的境界：「聖人無常心，以百姓心爲心。」你的眼睛看的是生民、是世界、是此生的天命。

同時，陳澄波爲培養更多臺灣青年加入藝術創作的行列，他陸續在一九二六年成立「七星畫壇」、一九二七年成立「赤陽畫會」及一九三四年成立「臺陽美術協會」，開始著力於臺灣美術發展的深耕，以提升臺灣美術的普及化與專業化。陳澄波在臺灣藝術園圃所播下的共好種籽，恰能呼應 SDG17「建立多元夥伴關係，協力促進永續願景」的目標。就像火星爺爺許榮宏說的：「『沒有』它不是一份限制。『沒有』是一份禮物。如果你什麼都沒有，那你應該去想：你該怎麼去創造？你把焦點放在『創造』，不要放在『沒有』。」

1　黃姍姍〈時代的觀察者與推動者——試論陳澄波的文獻收藏：明信片與書冊〉，收錄於財團法人陳澄波文化基金會網站。

陳澄波透過藝術這條謬思的繩索，將大家對創作之愛串接在一起，發揮把「餅」做大的效益。透過藝術我們與大家當朋友，無論行旅到日本或是中國，甚至世界各地，都能籌組藝術組織，鼓勵美術團體串接友善共好的學習組織，爲下一代營造一個永續美感的社會。

面對殖民和戰爭帶來的內外折損，陳澄波用藝術來彌補缺憾，以畫作傳遞溫暖的人道關懷，他總是知道：我們所處的環境絕對無法單靠一個人、一個團體、一個國家去支撐，因而，他積極培養團隊之間的國際合作力，期待透過他的串聯能不分彼此，爲同一份使命、爲同一塊土地拚搏、奮鬥。或許，陳澄波強大的淑世精神，讓他逃不過爲世人犧牲的劫難與試煉，但他爲正義而永遠活在我們心底的身影，讓他活成臺灣藝術的傳奇，也成爲帶領我們航向更好藝術人生的「必要之人」呀！如果，臺灣藝術要有一個人，那個人就是「陳澄波」。

陳澄波

一八九五年生於臺灣嘉義。一九二四年三月考入東京美術學校圖畫師範科，並在一九二六年，以油畫作品《嘉義街外（一）》入選帝國美術展覽會，成為臺籍畫家中的第一人。

從日本學成，結束中國任教歸國的陳澄波，在返回臺灣的次年，便結合全島畫友組成「臺陽美術協會」，成為迄今仍然活躍的全臺最大民間美術團體。而在創作上，也拋棄一切束縛，盡情地發揮自我的熱情，為故鄉留下大批動人的畫作。

一九四五年二次大戰結束後，陳澄波被推舉擔任嘉義市各界歡迎國民政府籌備委員會副主任委員、嘉義市自治協會理事；一九四六年順利地當選嘉義市第一屆市參議會議員，從政同時作畫的嶄新人生。一九四七年，二二八事件爆發，陳澄波受牽連而罹難，在一聲槍響後，結束他五十三年的一生。

潮議題

SDG17

建立多元夥伴關係，協力促進永續願景

三峽的畫家李梅樹的父親李金印經營米的買賣生意，李梅樹的家庭從小就瀰漫著濃厚的藝術氣息，他的繪畫藝術啟蒙也早。然而，父親對於李梅樹想以繪畫作為一生職志斷然反對，教育部國民及學前教育署「臺灣記得你」團隊刊載在官網的資料顯示，直到父親過世，長李梅樹十七歲的長兄劉清港支持他的藝術之路，李梅樹也沒有讓長兄失望，在繪畫創作上大放異彩。李梅樹與陳澄波等好友創立「臺陽美術協會」，他並擔任三峽庄協議員。壯年投入政治的李梅樹，多少受到父親及其兄創辦為民發聲的「壽生會」影響。李梅樹的座右銘為：「人空著來，也空著去，所以要對社會、國家做有意義的事。」李梅樹熱愛藝術，

17 PARTNERSHIPS FOR THE GOALS

也對政治狂熱，他在藝術與社會間架起一座美麗橋梁，此生投身其中未曾離去。一九四七年，清水祖師廟由李梅樹主持與重修，耗費長時與工細的清水祖師廟後獲「東方藝術殿堂」美譽。綜觀李梅樹一生，連結了社會、藝術、教育三者的永續方向。

在臺灣生活了十五年的馬來西亞籍楊冠義 Isaac，用自身經驗成立了「Canaan Project 迦南計畫」，根據網路媒體《換日線》的報導，這個臺灣僑外生最大平臺，主要在協助留臺工作與資訊提供。二〇一四年，勞動部推出「依僑外生留臺工作評點制」，楊冠義是第一批透過評點制留在臺灣的學生。他在部落格分享經驗，也在各大專院校演講，希望協助更多僑生留臺工作。二〇一五年，他成立「M.I.T. Malaysians in Taiwan 馬來西亞人在臺灣」社群，藉以幫助馬來西亞僑胞，之後他更成立港澳、印尼及越南的社群，幫助更多在臺僑民，積極關注在臺的僑生權益。

中山大學社會系副教授邱花妹，長期關注氣候變遷、循環經濟、環境社會學。根據《親子天下》賓靜蓀二〇二一年的報導，邱花妹分析，一直以來，家電和 3C 產品急遽走向「計畫性淘汰」，定期推出新型號，產品越來越不耐用，維修價格過高，壞了沒地方維修只好丟掉，帶來資源消耗和垃圾量增加。於是她開始用維修的概念去串連大學和社會運動，結合社區大學、地方上的修理達人、志工，共同成立「南方修理聯盟」，她將維修視為一種「草根的社會創新行動」，為循環經濟中的一環，透過維修減少碳排放量以及廢棄物，解決不斷丟棄家電產品的行為，就有機會將線性經濟導向循環經濟。她也主辦循環經濟國際工作坊，邀請相關社大、社區關鍵人員參與，把在地議題提升到國際層級，期許將來臺灣也能出現在全球的修理地圖中。

向「沒有」借東西的陳澄波，一生倥傯，最後於二二八事件中殉身終結，但他終生熱愛藝術，廣結友朋，崇尚自由。不管是陳澄波、李梅樹，或者是楊冠義、邱花妹等，他們對社會的共好理想，恰能呼應 SDG 17「建立多元夥伴關係，協力促進永續願景」的目標。

打造臺灣「順風婦產科」的TOP1女醫

蔡阿信

日治時期，臺灣社會邁向現代化，對女性教育開始重視。日本政府當時針對日本頒布了《高等女學校令》，就明示高等女子教育的目的：「在於養成賢母良妻之素養，故需涵養優美高尚之風氣、溫良貞淑之資性，同時須習得中流階級以上生活必須之學術技藝。」而後，一九一九年在臺灣頒布《臺灣教育令》，臺灣女性的教育權才萌芽。雖然，女性受教育表面好像是爲了讓自己擠身到中上流階級，成爲財閥政商「賢妻良母」養成的必要條件。但，受過新式教育的她們，在知識的啓蒙後，開始在傳統與現代的價值間拔河，最終，有些女性展現過人卓越的智識，在職涯的表現也越發超凡，她們傾盡青春和歲月，爲寫下臺灣第一位女醫生、第一位女科學家，和第一位女軍官等亮眼的「臺灣女史」，其中，蔡阿信就是打造「臺灣順風婦產科」的TOP1女醫。

蔡阿信撕下「女子無才便是德」的標籤，蛻變成女醫師，同時也表明身爲女性就是我最大的優勢，女性是「溫暖又堅毅」、「包容又奉獻」的溫暖所在，女性的身分就是自己投入醫界的優勢與絕佳機會……面對困境不斷思考的逆思維心態，讓她開創出「獨接生不如衆接生」的作法，不只成立「清信產婆學校」，還替臺灣醫界培養無數優秀的助產士，成爲改寫產科命運的人生貴人。

同時，她讓產婦和胎兒死亡率逐年降低，發揮仁心仁術的「集體效應」，爲產婦打造更現代的醫療照護網。就像剪紙藝術家楊士毅說的：「眞正的幸福不需追求，而是必須沒有門檻，只要按下『我願意』的開關，就能啓動發生。」蔡阿信突破性別框架，不僅讓所有人對她的醫術刮目相看，在她高瞻遠矚的識見下，也爲臺灣醫界建立一個難以超越的「婦產科天花板」。

即便面對命運的打擊，蔡阿信內心仍堅守自己對於生命正向燦亮的想像。她像蓄勢待發的箭，用實力拉滿自己手上的弓，讓自己在男女職場間，爲自己贏得重要的一席之地，並能活在自己想像的人生裡，爲生命留下輝煌的紀錄。接受新式教育的她，總是靜默卻堅定地爲臺灣社會注入女性醫者溫和堅毅的柔性氣質，形塑出臺式女醫的職涯新風貌。

黑夜給了我黑色的眼睛

蔡阿信（一八九九～一九九〇）是臺灣第一位女醫師，不只活出自我，閃爍熠熠的人生之光，堪爲當代女性的楷模與典範。蔡阿信出身臺灣艋舺（萬華）的婦科醫師，亦是日治時期最早接受現代醫學訓練的臺灣籍女性醫師。

蔡阿信五歲失去摯愛的父親，家中瞬間失去所有重要的經濟支柱，生活陷入一片愁雲慘霧。母親幾度思量要將她送往牧師家作爲童養媳。但，她意志堅強、偏偏不認命，無論送去幾次，她的身體彷如內建自動導航地圖，硬是從大龍峒自行走回萬華的家中。歷經幾次往往復復的衝突，一場場母女鬧劇，最終母親打消送走小阿信的念頭，也成功進行協商，讓對方同意取消小阿信的婚約。這對飽受貧困磨難的母女，終能抵抗命運的黑暗，回歸團聚、不再分離。

尚在孩提年紀的阿信，就懂得為自己重造一個全新的命運，過去不是自我設限的藉口，唯有跳脫過時的窠臼，甩開陳舊的羈絆，你才能活出絕對的精采。就像維克多．弗蘭克（Viktor Frankl）說過：「人類終極的自由是能夠選擇自己的人生方向。」蔡阿信用自己的信念改寫自己的命運，顛沛流離看似險惡可怕，這個考驗也成為日後蔡阿信生命豐厚的養分，挫折亦是她更上一層樓的階梯，只要不放棄目標，你必然能演出精采出眾的人生大戲。後來，母親再婚，如再造恩人的繼父格外疼愛聰明體貼、不屈不撓的小阿信，家人間情感深切，並在父母胼手胝足下，家中經濟也日益改善。

蔡阿信深知要翻轉階級，唯有憑藉教育逆襲。於是，她苦苦央求父母不要讓她纏足，同時，希望自己能接受教育的洗禮。蔡阿信即便知道自己是一個什麼都沒有的人，卻毫不膽怯地想替自己的人生爭取向上的機會，就像顧城〈一代人〉說的：「黑夜給了我黑色的眼睛／我卻用它尋找光明。」蔡阿信知道，教育會是她人生的光，它將照拂在其人生的希望之地。因此，她大膽地向父母提出一個許願的機會：我想要上學，我眞的想要上學，我眞的眞的很想要上學。

教育是我翱翔世界的羽翼

這次，世界的善意沒讓她失望，這個許願成眞了。父母不只答應讓她進入私塾學習漢文，更是大力栽培蔡阿信，讓她能到「大稻程公學校」修習日文，她也爭氣地爲自己取得下一個學習競技場的入場券，奠定蔡阿信未來進入「淡水女學校」（臺灣北部長老教會女學堂）就讀的契機。

海權時代之後，臺灣的地理位置相形重要，它也成兵家必爭之地，因而，各國傳教士在臺灣河口岸邊興設新式學校，包括馬偕創立的淡水女學堂、南部新樓女學校。

「淡水女學校」成了蔡阿信學習的下一個里程碑，她珍惜也努力爲自己的學習找到不負此生的向前動力。就像作者柳時泉在《找到人生方向的一頁夢想地圖：把夢想拆解成「七個目標」，畫出來就能實現！》說過：「安排人生好像安排旅行，你會規畫旅行，就能規畫自己的人生，只是我們要怎麼從起點走到終點？」蔡阿信的夢想地圖清晰，也是可觸摸、可實現的具體目標。她的夢想別具力量，她熱切渴望夢想實踐的軌跡，當她越有自信，就越能大膽奔向它、擁有它。

十一歲的蔡阿信開始問自己：「我想要的未來人生會是何種模樣？」當她持續向自己的人生提問，就慢慢找到要「讀書」的答案。後來，蔡阿信成爲「淡水女學校」年齡最小的第一屆學生，十八歲修讀期滿，且成績優異。她實事求是、俐落聰穎的表現，受到外籍老師的賞識，還不斷鼓勵她出國留學、繼續深造。她再次鼓足勇氣向父母表達負笈日本攻讀醫學院的決心。這彷若在家中投擲下一顆震撼彈，繼父知道想要高飛的鷹是不能局限的，你得給牠一片曠野去追逐一個夢想。因而，他獨排眾議，全力支持蔡阿信赴日學醫，父親的全力支持也成了蔡阿信翱翔的隱形翅膀。

日治時代，唯有人中龍鳳、天之驕子才有機會當上醫師，那是專屬人生勝利組的夢幻職業，代表成功男性的社會地位抑或是高經濟水平。蔡阿信憑藉對醫學的熱情和恆毅力，考上日本「東京女子醫學專門學校」（現東京女子醫科大學），成爲闖入男醫世界的女性。蔡阿信渴望光明的決心是無法抑止的，越過暗黑的前塵，如今窺見光明的曙光，燦陽正照耀在她瑰麗的人生之境。

我不是冒牌貨，叫我正港臺灣醫師

醫者的養成並非一蹴可幾，漫長的女醫養成之路，得要熬過專業的修習過程，例如，解剖學不只要熟讀醫學專有名詞與知識，還要不斷模擬大體解剖學上的專業技術，並且要接受醫師完整嚴謹的正統訓練，讓自己的診療技術精益求精。蔡阿信在赴日學醫的階段，更體認到醫療是一個關乎人命的職業，絕不能有任何一點閃失與差錯。

一九二一年蔡阿信不只自我實現也學成歸國，她時髦前衛的形象，更攫住所有知識圈的目光，根據小說《浪淘沙》所述，當時報紙還以斗大「萬綠叢中一點紅」的標題來形容這位醫術人品都首屈一指的臺籍女醫師。當時，「蔡阿信旋風」不比韓團少女BLACKPINK遜色，所到之處不只萬人空巷，連身上所穿的和服都成爲名媛時尚圈的潮物。卽便當時她是享譽全臺「華陀再世，見面病除」的女醫，但她的謀職之路仍屢屢受挫。

蔡阿信的專長是婦科，但因當時婦科沒有職缺，最後被編派到眼科工作。第一天的到職日蔡阿信被要求在床上帶著眼罩躺三天，她第一次覺得自己好像是身穿醫師服的冒牌貨，卽便受了高等教育，卽便扛起杏林春暖的招牌，她仍是無法爲受苦的病者

大展長才。後來，在醫界前輩的提點下，她才知道這不是權力的威嚇，而是學長醫生希望阿信要記得醫生的職責，同感病者的心態，善於醫病者也應該善於同理與同情傷者、病者、痛者，這個千金難買的職場初體驗，影響阿信未來行醫執業的方向，讓她成爲更有同理心的白袍女醫，也學會用熱情去實踐不可能的任務。

一位眞正的好醫者必須先同感病者的痛苦與不便，身爲臺灣第一女醫師，她要的不是虛名噱頭，她期待自己成爲被尊敬的診間女醫者。若想改變他人對女性醫師的刻板印象，蔡阿信還得要爭取醫界眞正的性別平等，或許，我們無須特意強調「女」或「男」的區別，而是要做一個能理解人民之苦、對臺灣有實質影響力的醫生。一如作家 Peter Su 說的：「有一天，或許你會發現，最感動的不是你完成了，而是你終於鼓起勇氣開始。」相信自己的天賦，讓它發光發熱，不受限制。醫生之路，靠的不只有精湛的醫術，還有設身處地替病者煩憂的「醫者父母心」。就像心理學家伊麗莎白．克魯姆瑞．曼庫索（Elisabeth Krumrei Mancuso）說過：「學習需要心存謙遜地了解，你有需要學習的地方。」仁醫之路，蔡阿信雖有好長的一段路要走、要學，但她兢兢業業、勤勉不倦的態度，最終讓她得以打破醫界性別的刻板印象，把自己活成一個對臺灣有影響力的女性。

你是我一生的等待？

留日期間，年輕亮眼的蔡阿信成爲衆多未婚男子君子好逑的傾城佳麗，但她終是把心給了驚鴻一瞥且一見鍾情的彭華英。這個大男孩佇立在人群中雖不是特別顯眼，但他溫暖的眸光、靦腆的笑靨，卻讓蔡阿信愛的記憶被喚醒了。彭華英談起國家大業慷慨激昂，說起臺灣民族運動熱血澎湃，那分執著的單純，令阿信傾心了。這是她在佛前求來的人，此刻，終於遇見了。回臺灣後，浪漫的蔣渭水爲這對郎有情、女有意的佳偶做了媒人，讓兩個有情人終於碰了頭、走在一起。

一九二四年阿信和抗日運動者彭華英結爲連理，並決定在臺北日新町（今大同區重慶北路一、二段交接處）私宅開設婦科醫院。在工作上，蔡阿信的企圖心旺盛，具有跨域CEO的眼界，在臺北執業兩年後，她決定搬到臺中開設規模更甚於前的清信醫院（位於臺中州臺中市橘町一丁目十二番地）。

蔡阿信注定了就是走在時代尖端的女性，沒有堅毅的心，沒有開闊的視野，她是無法做出這番劃時代的大事業的。面對愛情，她敢愛、能愛、懂愛，一如心理學家弗洛姆（Erich Fromm）說的：「如果我眞正愛一個人，我就會愛所有人，就會愛世界，就會愛生命。」她帶著豐沛的愛，面對開創的事業，敢拚、能拚，眼光精準地抓住時機，毫無疑問地，只要她下定決心想做的事，絕對全力以赴，不給自己退路。阿信不是倔強好勝，而是她不想輸給自己的甘於平庸。

就在阿信事業蒸蒸日上、卽將再攀高峰之際，老公彭華英的反日行動卻屢屢受挫。加上他的摯友蔣渭水驟然過世，使其頓失生活重心。尤其，看到阿信鎭日在醫院內外奔波兜轉，讓彭華英的心理產生芥蒂，後來彭華英在中國另結新歡，這段轟烈的感情逐漸變色，他們從相愛到相厭，無法放下與和解的嫌隙，最後讓兩人走向相棄的分手之途。一如《淚之女王》說的：「我們是因爲愛而結婚，爲什麼婚後就不愛了？」所謂幸福的關係必然是保有自身最初的模樣，當你越愛對方，越能感受到愛的力量。反觀褪色的感情，不只不斷積藏細微的傷痛，開始存有不對等的矛盾而導致背離，當一個人的付出越來越多，卻得不到反饋的絕望，讓彼此走著走著就無法愛了。

拾回遺失幸福的鑰匙

有人說：「如果，你喜歡一朵花，你會殘忍地把它摘下而不獨自擁有？還是會因爲愛一朵花，不辭辛勞地會天天爲它澆水，只爲欣賞它自由搖曳的花姿？」在尋找愛與幸福的路上，蔡阿信也在學習如何定義愛？如何去愛？怎麼找到値得愛的人？任何關係都無法委屈或求全，它需要在愛與被愛、自愛三者中，必然要找到一個自在的平衡。因爲愛是讓我們遇見更好彼此的鑰匙，愛應該是可以互相支持與奔赴的雙贏結果。

這段遺失幸福鑰匙的婚姻，讓彼此走著走著就散了。這段婚姻並沒有擊垮相信幸福的阿信，錯的人離開了，就該揮別過去的磕碰崎嶇，阿信選擇邁開腳步，前往遠方美麗的風景。

她把摯愛的醫院停業了，她需要重新歸零，尋找一個從心也重新開始的人生之道。阿信飄洋過海到美國進行醫學研究，並順道去加拿大探望恩師，同時也前往日籍人士集中營擔任駐軍醫生，再輾轉回到溫哥華申請開業。每一個人生驛站像在尋找自己。每個人都有不同的人生時間表，無論你正走在哪段行程，甚或正在經歷別離與感傷，都要相信前方依然有愛與幸福。後來，阿信在因緣際會下結識牧師吉普生（Gibson）上校，兩人好像繞了很遠的路，終於尋到眞正靈魂相契的伴侶。同時，阿信也領略到，所有的經過，都是爲了遇見更好的自己。一如作家角子說的：「你不是正在走出來，你是更清楚了該去的方向。你不是正在離開傷心，你是正要去看見眞的幸福。」

蔡阿信告別錯愛的婚姻，那不是狼狽窒顚的蹉跎，而是更清楚「我是誰」的歷程。唯有向前走，你可以不失去自己的眞實模樣，有機會再次爲了前方的美好盡情奔赴，爲了幸福，再遠我們都要努力向前，重拾這把名爲幸福的鑰匙。

打造臺灣TOP1「順風婦產科」

我們都聽過三姑六婆這個成語吧！其中的三姑爲尼姑、道姑、卦姑。六婆爲牙婆、媒婆、師婆、虔婆、藥婆與穩婆[1]。其中的穩婆一詞和蔡阿信打造「順產」的志業有關。

1 穩婆是古代幫助產婦分娩，並以此爲業的接生婆。

日治時期，現代醫學不如現在進步，婦女因生產死亡的比例很高，有人說：生孩子就像是「一腳踏在棺材內」，並以「生得過雞酒香，生不過四塊板」來說明生產對女人來說是生死之搏。身爲「臺灣第一位女醫師」——蔡阿信看到女性因生產而瀕死的悲劇，她決心改善臺灣產婆的養成制度，引進現代醫療重要的衛生觀念，並引進現代化的接生技術，有心打造臺灣TOP1「順風婦產科」的品牌。

蔡阿信是一位不達目的、誓不甘休的工作狂人。一九二八年，她破天荒地創設「產婆講習所」（助產士訓練所），著手訓練專業的臺灣助產士，同步增設清信醫院的各項設備，讓實習的助產士有親自操作、學以致用的機會。從培訓助產士到協助他們自主成長，她不只提升新式的生產設備，也提升助產士的形象和專業能力，讓臺灣無數孕婦能安心生產，不用心驚膽跳，以命相搏。歷經十年寒暑，她前前後後訓練約五百名以上的優質臺灣助產士。阿信培養的助產士不只形象專業，也能同理產婦情緒，一起和蔡阿信攜手爲臺灣婦科醫療做出極大的貢獻。因而，蔡阿信贏得「臺中之母」的美名，當時還受日本昭和天皇的高度肯定，並御賜其獎金鼓勵。同時，她帶領臺灣婦科界邁向現代化的新里程。

蔡阿信用行動證明了「你可以讓我折翼，但不能阻止我高飛」，她提倡限制生育等新式衛教觀念，她的名字在醫界絕對具有崇高的位置。她既是助產士之母，更是救濟鰥寡孤獨貧者的仁醫。當你看到其醫院的收費原則是：富者多收，貧者少收，赤貧免費，赤貧的產婦生完小孩後，免費贈送嬰兒衫和煉乳的公告時，你能不感佩她「人飢己飢，人溺己溺」的醫者初心嗎？命運給過她無情的打擊，讓她少時喪父且貧苦交迫；也給過她慈愛的眷顧，她用行動譜寫女醫生的傳奇，成爲臺灣第一位擴及社會關懷力的女醫師！

一九八二年蔡阿信還捐出畢生積蓄，與朋友共同成立「至誠服務基金會」，特別爲失婚喪偶的婦女提供精神關懷和保健諮詢。蔡阿信痌瘝在抱的醫德，領先當代醫療的新思維，不只證明女性在職場體力、能力、智力樣樣都能和男性並駕齊驅，也說明能限制我們的是心態而非現實條件。如同美國法學家金斯伯格（Ruth Bader Ginsburg）說的：「專屬於某種性別的職業往往基於偏見，而非本質。」身爲女性，我們可以做出更勇敢的選擇，每個人都是獨一無二的，只要掌握人生的決策權，我們都能讓失光的世界自帶明亮。

人生沒有標準答案

有人說：小時候，幸福是一件很簡單的事；長大了，簡單是一件很幸福的事。蔡阿信帶給我們的人生啓發不只是她補塡醫學史上女性空乏的位置而已。更多的是，人生沒有標準答案，連幸福都不是所謂公主和王子的圓滿結局可以定義的。她看待生命的思維與視角，也讓我們發現：每個人的生命都會遭逢傷感、悲傷的事件，如何忠於自我的人生價值，透過強大的正向信念，找到自我沉澱、療癒的方法，反而更勇敢地、強悍地逆襲人生，同時，困境也讓折翼的翅膀日漸強韌。就像有人說：老鷹的翅膀是用來飛的，雞的翅膀是用來烤的。挫敗帶來的生命傷痛，並沒有讓她絕望過，當所有人都不看好蔡阿信的時候，她堅決的態度贏得所有人的敬重，一如卡爾·紐波特（Cal Newport）在《深度職場力》（*So Good They Cant Ignore You*）書中說的：「與其想找出自己的熱情所在，還不如培養出自己稀有而寶貴的技能。」

蔡阿信勇於做自己的氣度，也就是告訴世人：沒有人可以給我們一個生命漂亮的答案，而最好的答案就是用自己的智慧去因應困難，突圍既定的際遇，只要你願意解決問題，就能擁有更好的未來。一如《解局思考》提到的：人生是一場「無解賽局」，它沒有明確的標準答案，但你卻永遠可以找出更好的解答。

蔡阿信不只是日治時期風風火火地引領女性新思潮的摩登新女性，她面對生命的苦難，勇於做自己，更可謂爲善於引光而入的新女性代表。綜覽她傳奇的一生，不只爲自己選擇的愛情吃苦受罪，也爲自己爭取的職業用情拚搏；同時，透過自己的醫學專業領航，讓臺灣女性享有生育健康的權利。她被稱爲臺灣第一位女醫師、助產士之師、臺中之母……無數輝煌的頭銜與成就，來自她沒有因爲女身而自我設限，同時，也不願意女性的聲音被漠視，在風雨飄搖、動盪不安的殖民時代，蔡阿信傾盡燃燒生命的熱情，無悔亮麗地走完女醫者的人生行旅。

蔡阿信看到的不是女性身分的局限，反而是逆向思考：既然醫界淸一色都是男性，那麼，女性的機會來了，婦科醫師是一個她可以全然投入的工作，做一位臺灣卓越的女醫師，她不只可以幫女性們撕掉職場的自限標籤，也可以讓醫師的工作有更平權的價值。

忠於人設，活出生命的絢爛

作家張西說：「人生就該活成煙火，再短暫都得夠絢爛！」無論男女，都要喜歡自己的人設，忠於自己的選擇，喜歡自己正在做的事。我們都知道：SDG5的目標宗旨是「實現性別平等，並賦予婦女權力」（Gender Equality）。蔡阿信之所以讓臺灣人尊敬，不外乎她勇於撕掉身上的標籤，勇於做自己的思維，她忠於自我的表現也終結了所有對婦女和女童的各種形式歧視。你盡情擘畫的人生都能讓你窺見盛開的時節，一如蔡阿信總是溫婉面對病者，她的助產士培訓計畫也確保婦女能充分、有效地參與政治、經濟、公共決策，並讓女性在各層級都享有參與決策領導的平等機會。身爲女身，在那個時代看似一個難以超越的局限，但蔡阿信告訴我們，只要你能培養出專業的技能，做事的熱情自然會隨之而來，成功應就在不遠處等著我們。

她樂在工作，忠於人設，同時，也讓大家知道，即便身處日治時期，臺灣的女性依然可以透過工作獲得爆表的成就感，寫下無人能及的人生輝煌。一個人的自信能讓他活得更亮麗。一如卡爾．紐波特寫道：「你先努力投入工作、讓自己在某件有價值的事情上變得出色，之後就會得到熱情，而不是先有熱情再去工作。換句話說，你工作的內容遠不如你工作的態度來得重要。」蔡阿信爲助產士們找到投入工作的熱情，因爲女性的身分讓彼此在需要的時刻互挺，讓許多產婦走過生產的無助與孤獨，同時，她具有前瞻的眼光，順勢迎向市場的需求，替臺灣醫界創造一次新局，挹注大量助產的人力，堪爲臺灣助產士的造浪者。

蔡阿信

一八九九生於臺北艋舺，是臺灣近代第一位受到完整現代醫學訓練的女醫師。幼讀私塾時便顯出語言學習天分，成為臺灣第一所女子中學「淡水女學校」的首屆畢業生，赴日留學後考取「東京女子醫學專門學校」，一九二一年學成返臺，一九二六年在臺中開設「清信醫院」，成為中部地區新式婦產科重鎮，在醫療與社會服務上享有清譽。

她觀察到當時臺灣婦女生產大多數仰賴產婆，於是成立「產婆講習所」，傳授知識與技術，並鼓勵結訓學生參加日本政府舉辦的助產士證照考試，有助於提升臺灣婦女的社經地位；晚年更捐出積蓄與好友共同成立「財團法人至誠社會服務基金會」，為臺灣各地喪偶的婦女提供心靈與實質上的支持，她一生致力於關懷臺灣這塊土地，值得後人學習與感念。

潮議題

SDG5

實現性別平等，並賦予婦女權力

5 GENDER EQUALITY

蔡阿信是SDG5「實現性別平等，並賦予婦女權力」的意義象徵，在發展中國家的女性，常因貧窮、社會習俗等因素，女孩未成年就被安排成婚，根據二〇一九年聯合國兒童基金會（UNICEF）的調查，全球各地有超過七億起童婚案例，其中有超過六億名女性在十七歲前成婚。要避免女孩步入童婚困境，教育扮演著關鍵角色。如同蔡阿信，她因為有機會受到好的教育，因此走出不一樣的人生。

二〇一七年，馬拉威修改憲法禁止童婚，這個歷史性進步的背後推手，是具有政治影響力且受民眾敬重的村長們，他們主動引導社區居民討論童婚的危險。在《社企流》二〇二一年的一篇報導中指出，其中一位酋長 Theresa 說，她以前不了解村莊發生這樣的事情，她後來投入行動，成功阻止了二千五百個童婚案，她要讓男孩女孩都可以快樂去上學；她說，讓一個女孩受教育，等於教育了整個國家。後來，她被冠上「婚姻終結者」的名號。

在數百年的歷史洪流裡，曾出現過許多「疫苗之母」的傑出女性。「未來城市 FutureCity@天下」王茜穎的文章中提到，一八九四年，女微生物學家威廉絲（Anna Wessels Williams）獨力分離出白喉桿菌，之後研發出第一支有效的白喉抗毒血清；一九三一年，女細菌學家皮特曼（Margaret Pittman）發現了六種流感嗜血桿菌菌株，促成日後B型嗜血桿菌疫苗的誕生；第一支有效的百日咳疫苗，是兩位女細菌學家肯德里克（Pearl Kendrick）和艾爾德琳（Grace Eldering）研發的；被英國女王封為女爵士的吉爾伯特（Sarah Gilbert），憑藉著領導研發新冠 AZ 疫苗，其女性為主的團隊迎來史無前例科學史上疫苗研究的時代。她說：「我不是女科學家，我是科學家，我一半以上的同事都是女性，而我們能把這份工作做好。」

不同的時代，都有女性展現她們的才能與勇氣，在大多數男權主導的社會，她們彰顯了婦女也能對國家社會有所貢獻，讓婦女權力有了正向意義，讓人類走向更進步的未來。

臺灣潮人誌

8 位舉足輕重的臺灣造局者，有哪些與眾不同的前瞻永續眼光、不同的「潮」

著　　作　宋怡慧
責任編輯　林秀梅　陳佩吟
審　　校　陳詰緯　蔡松廷
版　　權　吳玲緯　楊　靜
行　　銷　闕志勳　吳宇軒　余一霞
業　　務　李再星　李振東　陳美燕
副總編輯　林秀梅
編輯總監　劉麗真
發 行 人　何飛鵬
事業群總經理　謝至平
出　　版　麥田出版
城邦文化事業股份有限公司
臺北市南港區昆陽街 16 號 4 樓
電話：886-2-25007696　傳真：886-2-2500-1951
發　　行　英屬蓋曼群島商家庭傳媒股份有限公司城邦分公司
臺北市南港區昆陽街 16 號 8 樓
客服專線：02-25007718；25007719
24 小時傳真專線：02-25001990；25001991
服務時間：週一至週五上午 09:30-12:00；下午 13:30-17:00
劃撥帳號：19863813　戶名：書虫股份有限公司
讀者服務信箱：service@readingclub.com.tw
城邦網址：http://www.cite.com.tw
麥田部落格：http://ryefield.pixnet.net/blog
麥田出版 Facebook：https://www.facebook.com/RyeField.Cite/
香港發行所／城邦（香港）出版集團有限公司
香港九龍九龍城土瓜灣道 86 號順聯工業大廈 6 樓 A 室
電話：852-25086231　傳真：852-25789337
電子信箱：hkcite@biznetvigator.com
馬新發行所／城邦（馬新）出版集團
Cite（M）Sdn. Bhd.（458372U）
41, Jalan Radin Anum, Bandar Baru Seri Petaling,
57000 Kuala Lumpur, Malaysia.
電話：+6(03)-90563833　傳真：+6(03)-90576622
電子信箱：services@cite.my

國家圖書館出版品預行編目 (CIP) 資料

臺灣潮人誌 / 宋怡慧著作 . -- 初版 . -- 臺北市 : 麥田出版 , 城邦文化事業股份有限公司 : 英屬蓋曼群島商家庭傳媒股份有限公司城邦分公司發行 , 2024.06
面 ;　公分 . -- (宋怡慧作品 ; 3)
ISBN 978-626-310-690-1(平裝)
1.CST: 人物志 2.CST: 臺灣
783.31　　113006715

設　　計　朱　疋
繪　　圖　夕下一隻貍
印　　刷　沐春行銷創意有限公司

2024 年 6 月 27 日　初版一刷
2024 年 8 月 27 日　初版二刷
定價／ 380 元
ISBN 978-626-310-690-1
9786263106895(EPUB)